Contrato de Trabalho Desportivo

Contrato de Trabalho Desportivo

LEI N.º 54/2017, DE 14 DE JULHO – ANOTADA

2021 • Reimpressão

João Leal Amado
Professor da Faculdade de Direito da Universidade de Coimbra

CONTRATO DE TRABALHO DESPORTIVO
LEI N.º 54/2017, DE 14 DE JULHO – ANOTADA
AUTOR
João Leal Amado
EDITOR
EDIÇÕES ALMEDINA, S.A.
Rua Fernandes Tomás, nºs 76-80
3000-167 Coimbra
Tel.: 239 851 904 · Fax: 239 851 901
www.almedina.net · editora@almedina.net
DESIGN DE CAPA
FBA.
PRÉ-IMPRESSÃO
EDIÇÕES ALMEDINA, S.A.
IMPRESSÃO E ACABAMENTO
Pentaedro, Lda.
Fevereiro, 2021
DEPÓSITO LEGAL
432397/17

Apesar do cuidado e rigor colocados na elaboração da presente obra, devem os diplomas legais dela constantes ser sempre objeto de confirmação com as publicações oficiais.
Toda a reprodução desta obra, por fotocópia ou outro qualquer processo, sem prévia autorização escrita do Editor, é ilícita e passível de procedimento judicial contra o infrator.

 GRUPOALMEDINA

BIBLIOTECA NACIONAL DE PORTUGAL – CATALOGAÇÃO NA PUBLICAÇÃO
PORTUGAL. Leis, decretos, etc.
CONTRATO DE TRABALHO DESPORTIVO
[compil.] João Leal Amado
ISBN 978-972-40-7168-8
I – AMADO, João Leal
CDU 349

Ao Alex

«A father knows he's a success when he turns and looks at his son or daughter and know that they turned out better than he did. I'm a success; I'm a hell of a success».

(JOE BIDEN)

NOTA PRÉVIA

Por despacho n.º 3932/2015, publicado no *Diário da República*, 2.ª Série, n.º 77, de 21 de abril, no âmbito da Presidência do Conselho de Ministros (Secretaria de Estado da Juventude e do Desporto), foi criada a Comissão para a revisão da Lei n.º 28/98, de 26 de junho, que tive a honra de coordenar, composta pelos seguintes membros: Dr. João Correia (Advogado); Dr. Sérgio Castanheira (Advogado); Dr. João Leal (em representação da Federação Portuguesa de Futebol); Dr. João Carvalho Martins (em representação da Liga Portuguesa de Futebol Profissional); Dr. Joaquim Evangelista da Silva (em representação do Sindicato dos Jogadores Profissionais de Futebol); Dr. Guilherme Müller Araújo, (em representação do Gabinete do Secretário de Estado do Desporto e Juventude).

A Comissão realizou diversas reuniões, entre abril e agosto de 2015, sempre contando com a diligente e competente assessoria da Dr.ª Maria do Carmo Albino, tendo auscultado as entidades indicadas no supramencionado despacho – o Comité Olímpico de Portugal, a Confederação do Desporto de Portugal, a Confederação de Treinadores de Portugal, a Associação Nacional de Agentes de Futebol e a Associação de Jogadores de Futebol não Profissional. A Comissão encerrou os seus trabalhos em 7 de setembro de 2015, tendo então apresentado ao Governo o projeto de diploma que lhe havia sido solicitado.

Entretanto, na sequência das eleições legislativas então realizadas, o Governo mudou, mas o projeto, resultante dos trabalhos de uma comissão independente, foi assumido e apresentado pelo PSD na Assembleia da República (Projeto de Lei n.º 168/XIII). Assim desencadeado o processo legislativo, foi ainda apresentado no parlamento um outro projeto de diploma sobre a mesma matéria, da autoria do PS (Projeto de Lei n.º 297/XIII).

Ambos os projetos vieram a ser aprovados, na generalidade, no seio da Assembleia da República, tendo depois sido burilados na especialidade, no âmbito da Comissão da Segurança Social e Trabalho. Na sequência das modificações introduzidas na especialidade, foi apresentada ao parlamento uma Proposta de Texto Final Conjunto, proposta essa que veio a ser aprovada por unanimidade e se traduz na Lei n.º 54/2017, de 14 de julho.

O texto que agora se publica pretende, justamente, comentar e anotar o novo diploma legal sobre o contrato de trabalho desportivo, o contrato de formação desportiva e o regime jurídico dos empresários desportivos. Um novo diploma que, creio, respeita a matriz representada pela Lei n.º 28/98, lei esta que durante quase duas décadas estruturou as relações laborais desportivas no nosso país. Mas, ainda assim, um diploma que inova e que reforma substancialmente alguns aspetos do anterior regime jurídico destas matérias.

A presente anotação corresponde, naturalmente, à visão do seu autor, agora despido das funções de coordenador da mencionada comissão. Dada a natureza do texto, não me preocupei em carregar o mesmo de extensas referências de ordem bibliográfica ou jurisprudencial (sem prejuízo de indicações pontuais). Pretendi enquadrar, explicar, anotar e comentar a nova lei, numa narrativa assumidamente subjetiva, lançando mão, amiúde, das reflexões que há muito desenvolvi na minha tese de doutoramento, *Vinculação versus Liberdade: o processo de constituição e extinção da relação laboral do praticante desportivo*, já publicada em 2002, mas, creio, ainda atual em muitos pontos.

Faço votos de que este singelo texto possa dar mais um contributo para a reflexão e a discussão sobre o regime jurídico do contrato de trabalho desportivo, esse ponto mágico em que o Direito, o Desporto e o Trabalho se encontram.

Uma palavra de público agradecimento é devida ao Dr. Emídio Guerreiro, ao tempo Secretário de Estado do Desporto e Juventude, pela ousadia de desencadear este processo de reforma legislativa constituindo uma comissão independente (realmente independente) para o efeito, pela colaboração leal e sem reservas que sempre prestou à referida comissão e ainda por, mais tarde, num contexto político e parlamentar substancialmente alterado, não ter hesitado em assumir o produto do trabalho da comissão, apresentando o projeto no parlamento.

Lei n.º 54/2017, de 14 de julho

Regime jurídico do contrato de trabalho do praticante desportivo, do contrato de formação desportiva e do contrato de representação ou intermediação (revoga a Lei n.º 28/98, de 26 de junho).

A Assembleia da República decreta, nos termos da alínea c) do artigo 161.º da Constituição, o seguinte:

CAPÍTULO I – Disposições gerais

Artigo 1.º – Objeto

A presente lei estabelece o regime jurídico do contrato de trabalho do praticante desportivo e do contrato de formação desportiva, bem como o dos empresários desportivos.

I. Vivemos numa sociedade "desportivista". Com efeito, é inegável que o desporto pauta a vida quotidiana do planeta, enquanto fenómeno quase omnipresente, para os que o praticam (e são bastantes), para os que a ele assistem (e são muitos) e para os que dele falam (e são quase todos). E aqui temos, justamente, aquelas que, segundo Umberto Eco, são as três instâncias constitutivas do desporto: o *desporto na primeira pessoa*, praticado pelo desportista, o *desporto ao quadrado*, enquanto espetáculo observado pelo público «voyeurista», e o *desporto ao cubo*, enquanto discurso sobre o espetáculo desportivo (discurso da imprensa desportiva, o qual, por sua vez, engendra um discurso sobre a imprensa desportiva, elevando o desporto à potência *n*). Trata-se mesmo, em certo sentido, de uma nova forma de religião (a religião dos nossos tempos, supostamente secularizados) e, independentemente dos juízos de valor que se formulem – do «desporto-escola de virtudes» ao «desporto-ópio do povo», do «desporto-é-cultura» ao «desporto-é-guerra», do «desporto-educação» ao «desporto-alienação», do «desporto-patriotismo» ao «desporto-chauvinismo» –, o certo é que, na atual civilização do espetáculo, da informação e dos lazeres, a sua importância não tem paralelo.

II. De resto, é mister não menosprezar o papel historicamente desempenhado pelo Direito do Trabalho neste domínio. Como é sabido, na época da Revolução Industrial as camadas trabalhadoras encontravam-se sujeitas a condições laborais duríssimas, com o quotidiano dos operários a dividir-se entre o trabalho (muito), a alimentação (escassa) e o sono (curto). Ou seja, o tempo de vida do operariado era absorvido, na sua quase totalidade, pelo trabalho. Ora, foi neste contexto que surgiram as primeiras leis do trabalho, tendo como principal escopo, justamente, a redução do tempo de trabalho (limitando a duração da jornada de trabalho, consagrando o princípio do descanso semanal, reconhecendo o direito a férias, etc.). Nestas condições, uma nova categoria temporal foi ganhando corpo para as camadas laboriosas – o «tempo livre», contraposto ao tempo de heterodisponibilidade –, a qual veio possibilitar o acesso dos trabalhadores ao espaço desportivo, espaço este até então praticamente reservado às classes possidentes. Dir-se-ia, pois, que a emergência do tempo livre (inclusive do «tempo livre desportivo») corresponde à afirmação histórica do Direito do Trabalho, pelo que bem poderá concluir-se que o surgimento do desporto moderno constituiu um processo que, de algum modo, se foi desenvolvendo na sombra da formação do Direito do Trabalho.

III. Sucede que, ao mesmo ritmo que o planeta se foi desportivizando, o desporto, esse, foi-se mercantilizando. E a tal ponto se mercantilizou que aí temos o que hoje é pacificamente reconhecido como uma nova indústria: a indústria do desporto, *rectius,* a indústria capitalista do desporto. Com efeito, o desporto profissional traduz-se numa atividade económica de considerável relevo, representando uma área de negócios florescente e bastante apetecível, sendo aliás frequente, na literatura anglo-saxónica, utilizar a sugestiva fórmula *Sport$biz* para exprimir este fenómeno. As relações entre desporto e capitalismo revelam-se, pois, particularmente estreitas, não faltando mesmo quem, com boa dose de razão, detete uma osmose quase perfeita entre a lógica desportiva da competição e a lógica mercantil do lucro, sustentando que o desporto atual é um verdadeiro subsistema do sistema capitalista, do qual é produto e que, dialeticamente, contribui para reproduzir. Em suma, se o séc. XX foi o século do desporto, ele foi também, indiscutivelmente, o século do triunfo do desporto profissional. E com tal transição para a atividade desportiva profissional o desporto passou, inexoravelmente, a fazer parte integrante do «momento económico da realidade social», nas palavras de Luca Di Nella.

IV. Perante semelhante cenário, *quid iuris* relativamente ao praticante desportivo? Sendo ele um profissional, poderá ele ser considerado um trabalhador por conta de outrem, um trabalhador assalariado? A tese de que um desportista profissional pode ser um trabalhador por conta de outrem é hoje uma tese praticamente pacífica. Tão pacífica, dir-se-ia, como a própria existência do desporto profissional. Porém, assim como a afirmação do desporto profissional consistiu num processo longo e conturbado, recheado de contestação e reserva (recorde-se, a este propósito, a velha Lei n.º 2104, de 30 de maio de 1960, na qual o nosso legislador expressamente admitiu, pela primeira vez, o profissionalismo desportivo, mas ainda numa ótica restritiva), também o *status* de trabalhador assalariado para o praticante desportivo suscitou claras rejeições ou, pelo menos, bastantes reticências. Nos nossos dias, porém, não há razões para a persistência de dúvidas sérias quanto a este ponto. Vale dizer, se outrora ninguém, ou quase ninguém, ousava ligar prática desportiva e contrato de trabalho, hoje todos, ou quase todos, efetuam (ou, no mínimo, aceitam) tal ligação.

V. Também no plano normativo não se suscitam quaisquer dúvidas. A Lei de Bases do Sistema Desportivo, de 1990, prescreveu, no seu art. 14.º/4, que o regime jurídico contratual dos praticantes desportivos profissionais seria definido por diploma próprio e, embora com assinalável

CONTRATO DE TRABALHO DESPORTIVO

atraso, esse diploma surgiu: após, e de acordo com, a necessária autorização legislativa por parte da Assembleia da República, constante da Lei n.º 85/95, de 31 de agosto, em 18 de novembro desse ano veio a ser publicado o Decreto-Lei n.º 305/95, mais tarde revogado e substituído pela Lei n.º 28/98, de 26 de Junho. Nestes diplomas estabeleceu-se, pois, o regime jurídico do contrato de trabalho desportivo, dando expresso acolhimento, na casa juslaboral, à figura do praticante ou atleta/trabalhador desportivo.

VI. O quadro acima esboçado não representa, de resto, qualquer singularidade lusitana. Outros países há, ainda que não muitos, onde existem diplomas legislativos especificamente dirigidos a regular as relações laborais dos desportistas e, mesmo na ausência de tais diplomas, a qualidade de trabalhador subordinado do praticante desportivo profissional é reconhecida, dir-se-ia que de forma quase universal. Uma referência especial é devida, nesta matéria, aos Estados Unidos da América, visto que, conquanto o sistema jurídico norte-americano apresente marcadas divergências relativamente ao nosso (circunstância que, sem dúvida, recomenda bastante prudência na análise comparativa e na eventual «importação» de soluções daquele pelo ordenamento português), a verdade é que foi aí que o profissionalismo desportivo primeiro se consolidou e foi também aí que a indústria – capitalista, *et pour cause* – do desporto mais e melhor se implantou e desenvolveu. A formação, há várias décadas, de ligas profissionais no âmbito das quatro modalidades desportivas mais populares nos EUA (o basebol, o futebol americano, o basquetebol e o hóquei no gelo), propiciou uma riquíssima experiência no plano jurídico-desportivo, inclusive no que às relações laborais diz respeito, visto que deu azo a uma jurisprudência muito abundante na matéria, ao surgimento de poderosos sindicatos de praticantes e à difusão da contratação coletiva, bem como, não raro, ao desencadear de processos grevistas e de *lockout* neste sector. Goste-se ou não, é inegável que em matéria de desporto profissional os Estados Unidos são o país liderante, representando as suas ligas um imprescindível laboratório de análise jurídica e económica. De resto, é indiscutível que, se tem havido alguma aproximação entre o modelo desportivo norte-americano e o modelo desportivo europeu, tal fica a dever-se a este, não àquele – ou não se inserissem as profundas transformações que se vêm registando no desporto (sugestivamente designadas por «McDonaldização» ou «Disneyficação»...) num processo de globalização hegemonizado pelos EUA.

VII. Em todos os quadrantes, repete-se, é hoje ponto praticamente assente que a atividade desportiva profissional pode ser exercida através de um genuíno contrato de trabalho. E se esse é o panorama ao nível de cada país, o mesmo sucede ao nível da União Europeia. O célebre Acórdão *Bosman*, de 15 de dezembro de 1995, há muito confirmou aquilo que já se sabia: para efeitos do Tratado da UE, designamente em sede de livre circulação dos trabalhadores, os desportistas (neste caso, os futebolistas) profissionais são considerados trabalhadores por conta de outrem.

VIII. Em suma, é hoje líquido que, como ensina a doutrina, qualquer atividade, desde que lícita e apta para a satisfação de um interesse do credor digno de tutela jurídica, pode constituir objeto de contrato de trabalho. Não existe, na verdade, um *numerus clausus* de atividades laborais. E também não existe qualquer antagonismo insuperável entre jogo e trabalho, entre desporto e profissão. É certo que, tradicionalmente, o desporto relaciona-se com o ócio, com o lazer, com o tempo livre, surgindo, portanto, como a antítese do trabalho. De forma algo intuitiva e simplista, dir-se-ia que o desporto surge ligado aos fins-de-semana, aos fins de tarde e às férias, ao passo que o trabalho, esse, estende-se de segunda a sexta-feira, das 9 às 18 horas. Todavia, a passagem do desporto-recreação para o desporto-espetáculo (inclusive, quando não sobretudo, mediático), fator de diversão de quem a ele assiste e não de quem o pratica, vem a transformar o desporto num *véritable métier*, num genuíno *type of work*, desvanecendo a figura do atleta-*homo ludens* e fazendo emergir a figura do atleta-*homo faber*. Do *desporto-antítese do trabalho* transita-se, pois, para o *desporto-espécie de trabalho*.

IX. A natureza da prestação devida não constitui, pois, critério de qualificação do contrato de trabalho. Aquela possui um âmbito extremamente amplo e diversificado, onde se podem incluir as atividades de cariz desportivo. O que caracteriza e contradistingue o contrato de trabalho é a forma de execução da prestação devida, ou seja, a circunstância de esta ser devida sob a autoridade e direção de outrem, que o mesmo é dizer, em regime de subordinação jurídica. Ora, a verdade é que na atividade desportiva se assiste, porventura devido ao ininterrupto e, dir-se-ia, infernal ciclo que a caracteriza (preparação-competição-recuperação), a um estado de subordinação particularmente acentuado por parte do praticante, colocado numa situação de quase permanente heterodisponibilidade. Nenhuma razão válida se vislumbra, portanto, para excluir semelhante contrato do âmbito do Direito do Trabalho, havendo mesmo quem entenda que as condições de trabalho do praticante desportivo profissional se assemelham cada vez mais às de um trabalhador fabril, em matérias como o *stress,* os acidentes de trabalho e as doenças profissionais, as ofensas à saúde (dopagem), a fadiga física e mental, a intensificação paroxística do trabalho, a hierarquia, os prémios de rendimento, a produtividade, etc.

X. Este é, portanto, o ponto de partida do presente diploma: *o praticante desportivo profissional mantém uma relação de trabalho assalariado e dependente com a respetiva entidade empregadora desportiva.* O praticante desportivo não é propriedade do clube que representa, não estabelece com este qualquer vínculo de natureza real. O praticante estabelece com o seu clube uma relação de tipo obrigacional, assente em um genuíno contrato de trabalho. Isto pode parecer uma evidência, mas o certo é que, de tanto falarmos em compras, vendas e empréstimos de atletas, de tanto olharmos para estes como se fossem cromos de uma qualquer coleção particular, como se fossem meros ativos com determinado valor de mercado, tendemos a esquecer este dado. E, todavia, este é o eixo em que assenta todo o presente diploma: o da natureza obrigacional e laboral da relação que se estabelece entre o atleta profissional, enquanto pessoa que trabalha praticando desporto, e o seu clube, enquanto entidade empregadora desportiva.

XI. Situando-se na rota da Lei n.º 28/98, diploma que veio revogar e substituir, a presente lei dá cumprimento, no essencial, ao disposto no art. 34.º, n.º 2, da Lei de Bases da Atividade Física e do Desporto (Lei n.º 5/2007, de 16 de janeiro, doravante LBAFD), nos termos do qual «o regime jurídico contratual dos praticantes desportivos profissionais e do contrato de formação desportiva é definido na lei, ouvidas as entidades sindicais representativas dos interessados, tendo em conta a sua especificade em relação ao regime geral do contrato de trabalho». Por outro lado, no tocante aos chamados "empresários desportivos", aquela Lei de Bases determina, outrossim, que «a lei define o regime jurídico dos empresários desportivos» (art. 37.º, n.º 4). Sendo discutível a bondade da opção de incluir no mesmo diploma o regime jurídico do contrato de trabalho do praticante desportivo e do contrato de formação desportiva, a par do regime jurídico dos empresários desportivos, a verdade é que esta opção foi tomada em 1998, pela Lei n.º 28/98, tendo-se entendido não haver razões para, em sede de revisão do correspondente regime jurídico, abandonar, no presente diploma, a regulação dessa matéria.

XII. A presente lei tem, pois, um triplo objeto de regulação: na sua parte nuclear, dedica-se a regular o contrato de trabalho do praticante desportivo (arts. 5.º a 27.º), mas ela visa também estabelecer o regime do contrato de formação desportiva (arts. 28.º a 35.º) e o regime dos empresários desportivos (arts. 36.º a 39.º).

Artigo 2.º – Definições
Para efeitos da presente lei entende-se por:
a) Contrato de trabalho desportivo, aquele pelo qual o praticante desportivo se obriga, mediante retribuição, a prestar atividade desportiva a uma pessoa singular ou coletiva que promova ou participe em atividades desportivas, no âmbito de organização e sob a autoridade e direção desta;
b) Contrato de formação desportiva, o contrato celebrado entre uma entidade formadora e um formando desportivo, nos termos do qual aquela se obriga a prestar a este a formação adequada ao desenvolvimento da sua capacidade técnica e à aquisição de conhecimentos necessários à prática de uma modalidade desportiva, ficando o formando desportivo obrigado a executar as tarefas inerentes a essa formação;
c) Empresário desportivo, a pessoa singular ou coletiva que, estando devidamente credenciada, exerça a atividade de representação ou intermediação, ocasional ou permanente, na celebração de contratos desportivos;
d) Formando desportivo, o praticante que, tendo concluído a escolaridade obrigatória ou estando matriculado e a frequentar o nível básico ou secundário de educação, assine contrato de formação desportiva, com vista à aprendizagem ou aperfeiçoamento de uma modalidade desportiva.

I. A noção de contrato de trabalho desportivo enunciada na al. *a)* deste preceito traduz-se numa adaptação da noção genérica de contrato de trabalho, vertida nos arts. 1152.º do CCivil e 11.º do CT. Reafirma-se a existência dos três habituais elementos caracterizadores do contrato de trabalho: *i)* a obrigação, a cargo do trabalhador, de prestação de uma atividade (neste caso, o praticante desportivo, pessoa singular, obriga-se a prestar uma atividade desportiva à contraparte, pessoa singular ou coletiva que promova ou participe em atividades desportivas); *ii)* a obrigação, a cargo da entidade empregadora, de pagar uma retribuição, contrapartida da atividade prestada ou disponibilizada pelo praticante desportivo); *iii)* a subordinação jurídica do praticante em relação à entidade empregadora desportiva, pois a atividade prestada deve sê-lo «no âmbito de organização e sob a autoridade e direção desta».

II. Aqui chegados, importa efetuar algumas clarificações de ordem conceptual e terminológica. Isto porque lidamos, neste domínio, com diversas realidades e expressões que urge distinguir. A nosso ver, a melhor forma de dilucidar estes problemas passa pela sua recondução a cinco questões nucleares, a saber: *i)* todo o praticante desportivo profissional é um trabalhador por conta de outrem? *ii)* todo o praticante/trabalhador por conta de outrem é um praticante desportivo profissional? *iii)* é competição desportiva profissional toda a competição que seja disputada por praticantes profissionais? *iv)* o praticante desportivo federativamente classificado como amador, ou não profissional, pode ser considerado um trabalhador por conta de outrem? *v)* contrato de trabalho desportivo é sinónimo de contrato de trabalho do praticante desportivo? Vejamos.

III. *Todo o praticante desportivo profissional é um trabalhador por conta de outrem?* Não. Apesar de a LBAFD parecer sugerir o contrário – com efeito, o seu art. 34.º/2, ao prescrever que o regime jurídico contratual dos praticantes desportivos profissionais seria definido por diploma próprio, tendo em conta a sua especificidade em relação ao regime geral do contrato de trabalho, inculca a ideia de uma ligação incindível entre praticante profissional e contrato de trabalho, ideia esta que julgamos ser incorreta –, a verdade é que, como aliás sucede com tantas outras profissões, nada impede que a atividade desportiva seja profissionalmente prestada ao abrigo de outros contratos que não o contrato de trabalho, *maxime* contratos de prestação de serviço. Em certas modalidades, designadamente em modalidades individuais (como o golfe, o ténis e o boxe, por exemplo, mas também em muitas modalidades emergentes, ditas "radicais"), bem poderá concluir-se, analisando a concreta configuração da relação em causa, que o praticante desportivo profissional é alguém que trabalha por conta própria, é um trabalhador autónomo; a figura do praticante/trabalhador subordinado é, pelo contrário, característica dos chamados desportos de equipa (futebol, basquetebol, andebol, voleibol, basebol, hóquei, râguebi, etc.). Com efeito, pode dizer-se que o âmbito natural da subordinação, no trabalho desportivo, coincide com os desportos de equipa. De resto, é ponto assente que a legislação relativa ao contrato de trabalho desportivo, onde existe, se encontra sobretudo pensada para o futebol (o desporto-rei...) e, como já se disse, nos EUA (onde, não obstante todos os esforços, o *soccer* continua longe de merecer tal epíteto...) as atenções centram-se nas relações laborais estabelecidas no seio das ligas de basebol, futebol americano, basquetebol e hóquei no gelo. Tudo, portanto, jogos de equipa, nos quais a atividade desportiva do praticante carece de ser articulada com a dos restantes elementos do conjunto, vindo aquele a integrar-se numa estrutura organizada e dirigida por outrem.

IV. É claro que por vezes a questão é outra, pois os próprios sujeitos do contrato qualificam-no erroneamente, designando por contrato de prestação de serviço (ou algo de análogo) aquilo que, na verdade, é um contrato de trabalho desportivo. Estamos aqui perante um problema bem conhecido dos juslaboristas, tendo os tribunais, quando chamados a analisar tais contratos, o poder de proceder à respetiva requalificação, corrigindo o *nomen iuris* errado adotado pelas partes. Com efeito, estas são livres de concluir o contrato *x* ou o contrato *y*, mas já não o são para celebrar o contrato *x* dizendo que celebraram o contrato *y* – naquilo, e não nisto, consiste a sua liberdade contratual, entre nós consagrada no art. 405.º/1 do CCivil. Uma excelente ilustração do que vem de ser dito é representada, entre nós, pelo Acórdão do STJ, de 15/09/2010 (Vasques Dinis), em que o tribunal se debruçou sobre a qualificação do contrato que ligava uma atleta profissional (no caso, uma lançadora de disco) ao credor dos respetivos serviços – contrato que as partes haviam designado por contrato de prestação de serviço, passando a atleta "recibos verdes" ao beneficiário dos serviços, mas que o tribunal requalificou, considerando-o um autêntico contrato de trabalho.

V. *Todo o praticante/trabalhador por conta de outrem é um praticante desportivo profissional?* Sim. A prática desportiva realizada ao abrigo de um contrato de trabalho (isto é, a troco de retribuição e em regime de subordinação jurídica) não pode deixar de considerar-se, cremos, uma prática desportiva profissional. Por vezes, porém, perfilha-se um entendimento mais exigente do que seja um praticante desportivo profissional, requerendo-se para tal que a atividade desportiva seja exercida como profissão *exclusiva* ou, pelo menos, como profissão *principal*. É o que, ao menos *prima facie*, sucede no nosso país, dado que, segundo o art. 34.º/1 da LBAFD, «o estatuto do praticante desportivo é definido de acordo com o fim dominante da sua atividade, entendendo-se como profissionais aqueles que exercem a atividade desportiva como profissão exclusiva ou principal».

VI. Julgamos que, em rigor, o nosso legislador não tem razão. Com efeito, pergunta-se: não será profissional aquele praticante que faz da atividade desportiva profissão, ainda que *secundária,* sendo titular de um genuíno contrato de trabalho? Parece-nos evidente que uma pessoa pode ter várias profissões; sendo uma delas a principal, a outra ou outras serão secundárias, mas nem por isso deixam de ser profissões. De qualquer modo, e independentemente desta noção lata de praticante desportivo profissional, o certo é que a nossa LBAFD aponta para uma noção de praticante profissional *stricto sensu*, apenas entendendo como tal aquele que exerce a atividade desportiva como profissão exclusiva ou principal. A lei terá, porventura, sido sensível à circunstância de, atendendo ao volume de atividade em causa, apenas estes fazerem da atividade desportiva "meio de vida", o que significa que, em princípio, apenas estes dependem economicamente da atividade desportiva por si prestada (a retribuição será aqui meio de sustento e não mero complemento). Ou seja, profissional, *hoc sensu*, tende aqui a implicar atividade dominante, prevalecente, se não mesmo exclusiva.

VII. A noção de praticante desportivo profissional, contida no art. 34.º/1 da LBAFD, suscita-nos, em todo o caso, algumas reservas quanto aos seus méritos e, sobretudo, bastantes dúvidas quanto à sua serventia. Na verdade, o que interessa, para efeito das leis do trabalho, é averiguar se o praticante exerce a sua atividade desportiva ao abrigo de um contrato de trabalho, isto é, mediante retribuição e em regime de subordinação jurídica. *Se não há subordinação jurídica, ele não é um trabalhador por conta de outrem; se não há retribuição, ele não é um profissional. Se ambas existem, pouco interessa saber se essa é a sua profissão exclusiva, principal ou secundária – em qualquer caso, ser-lhe-á aplicável a presente lei.*

VIII. Nesta matéria, tudo depende, afinal, da perspetiva que adotarmos: caso perfilhemos uma conceção lata de praticante profissional, concluiremos que a celebração de um contrato de trabalho desportivo confere a qualidade de profissional ao praticante em causa; se, ao invés, nos ativermos a uma conceção mais restrita do que seja um praticante profissional, então poderemos negar aquela asserção, mas logo deveremos acrescentar que a qualidade de trabalhador e a correspondente aplicabilidade do direito laboral não requerem o exercício da atividade desportiva a título profissional.

IX. Dito isto, importa reconhecer que, na prática, semelhante hipótese – a hipótese de um praticante, sujeito de um contrato de trabalho desportivo, exercer a profissão de desportista a título meramente secundário – não se colocará, porventura, com grande frequência. Com efeito, ao celebrar um contrato de trabalho desportivo qualquer praticante fica, *ex vi legis*, obrigado a respeitar um especial conjunto de obrigações, designadamente a de «preservar as condições físicas que lhe permitam participar na competição desportiva objeto do contrato» (art. 13.º/*c*) da presente lei). Ora, este dever de preservação das condições físicas não deixa de nos convocar para um regime próximo da exclusividade, na medida em que o legislador parece considerar que o tempo do praticante desportivo, quando não for tempo de preparação ou de competição, deverá ser, de algum modo, tempo de recuperação. O dever de o praticante resguardar as suas capacidades físicas, em ordem a participar na competição desportiva objeto do contrato nas melhores condições possíveis, mostra-

-se, pois, suscetível de condicionar a prestação de outras atividades profissionais na vigência do contrato. Ao desempenhar atividades profissionais paralelas, o praticante desportivo poderá comprometer uma boa *performance*, poderá pôr em risco a sua capacidade atlética e afetar o seu rendimento competitivo, acabando por violar o supracitado dever. Significa isto, em suma, que as próprias obrigações emergentes do contrato de trabalho desportivo não serão facilmente conciliáveis com o exercício simultâneo de uma outra atividade profissional por banda do praticante, sobretudo quando esta última seja exercida a título principal (com o inerente dispêndio de tempo e/ou de energia). Nesta perspetiva, sendo perfeitamente admissível o pluriemprego do praticante, já se afigura um pouco mais problemático que este pretenda cumprir correta e pontualmente o contrato de trabalho desportivo (*maxime* o dever imposto pelo art. 13.º/*c*)) fazendo da profissão de desportista uma profissão meramente secundária.

X. Em todo o caso, e pelos motivos expostos, parece-nos mais acertado que a presente lei não tenha insistido nesta definição estreita de praticante desportivo profissional. Acresce um outro aspeto, de índole mais pragmática, que sempre colocaria em apuros o aplicador do direito: como se afere o caráter principal ou secundário de uma dada profissão, para uma dada pessoa? Pelo tempo dedicado à mesma ao longo da semana? Pelo montante da retribuição recebida? Pela gratificação proporcionada à pessoa que a exerce? E se lhe dedicar pouco tempo, mas for bem retribuída? E se for mal retribuída, mas lhe dedicar pouco tempo? E se, embora lhe dedique pouco tempo e seja mal retribuída, a atividade desportiva constituir a grande paixão do praticante em causa? Um verdadeiro pântano para o intérprete...

XI. *É competição desportiva profissional toda a competição que seja disputada por praticantes profissionais?* Não. A noção de competição desportiva profissional foi introduzida no nosso ordenamento jurídico pela LBSD e encontra hoje acolhimento na LBAFD e no DL n.º 248-B/2008, de 31 de dezembro, diploma que estabelece o regime jurídico das federações desportivas e as condições de atribuição do estatuto de utilidade pública desportiva. Segundo o art. 59.º deste diploma, «os parâmetros para o reconhecimento da natureza profissional das competições desportivas e os consequentes pressupostos de participação nas mesmas são estabelecidos, ouvido o Conselho Nacional do Desporto, por portaria do membro do Governo responsável pela área do desporto, a qual igualmente estabelece o procedimento a observar para tal reconhecimento». Na ótica do legislador, trata-se de efetuar a (ou, pelo menos, dar alguns passos no sentido da) necessária "separação de águas" entre a prática desportiva profissional e a prática desportiva não profissional, para tal efeito constituindo uma *liga profissional de clubes,* concebida como órgão autónomo da federação para o desporto profissional, integrado obrigatoriamente por todos os clubes que disputem essas competições profissionais (veja-se, a este propósito, o disposto nos arts. 22.º a 25.º da LBAFD); por outro lado, é também para operar preferencialmente no seio das competições profissionais que deverão constituir-se as *sociedades desportivas,* em substituição dos clubes tradicionais, tidos como pouco vocacionados para a gestão empresarial da indústria que o desporto profissional hoje em dia representa. Ora, para o reconhecimento do caráter profissional de dada competição desportiva, a existência de praticantes profissionais é uma condição necessária, mas não é uma condição suficiente – a mais da existência de vínculos contratuais entre os clubes ou sociedades desportivas e os praticantes, nos termos da lei do trabalho desportivo, o legislador enuncia vários outros critérios atendíveis para a qualificação de determinada competição como sendo de natureza profissional, tais como os da importância económica, dimensão social e nível técnico da competição, a importância da mesma no contexto desportivo nacional e os efeitos da participação em competições internacionais (*vd.*, a este propósito, a Portaria n.º 50/2013, de 5 de fevereiro) –, pelo que facilmente se conclui que bem poderá haver praticantes/trabalhadores por conta de outrem fora dessas competições desportivas profissionais. Em suma, competição desportiva profissional e praticante desportivo profissional são duas realidades distintas, que convém não confundir. Uma coisa é o estatuto jurídico-desportivo da competição, outra o estatuto jurídico-laboral do praticante. Assim sendo, qualquer tentativa de restringir a aplicabilidade das leis do trabalho – e, em particular, do presente diploma – à esfera das competições desportivas de caráter profissional constituiria um manifesto erro, se não mesmo um rematado absurdo.

XII. *O praticante desportivo federativamente classificado como amador, ou não profissional, pode ser considerado um trabalhador por conta de outrem?* Sim. Tradicionalmente, as federações desportivas das várias modalidades qualificam os respetivos praticantes como «amadores», «não profissionais», «semiprofissionais», etc., restringindo bastante, quando não ignorando, a figura do praticante profissional (recorde-se que, até há não muito tempo, os Jogos Olímpicos estavam reservados a atletas não profissionais...). Todavia, é óbvio que o rótulo federativo pode não corresponder ao conteúdo laboral, quer dizer, também aqui o estatuto jurídico-desportivo de amador não prevalece sobre o estatuto jurídico--laboral de profissional, conquanto, na prática, aquele estatuto possa representar uma autêntica cortina de fumo sobre a relação em causa, obscurecendo a visão do intérprete-aplicador do direito («falso amadorismo», «profissionalismo encapotado», etc.) e dificultando o processo de laboralização de tais relações.

XIII. A principal causa destas tão frequentes situações de falso amadorismo ou profissionalismo encapotado parece residir na forte tensão estabelecida entre o inelutável avanço do profissionalismo desportivo ao longo de todo o séc. XX, por um lado, e, por outro, a algo teimosa manutenção do ideal olímpico tal como desenhado por Pierre de Coubertin no séc. XIX – o ideal de um desporto «bacteriologicamente puro» (e, acrescente-se, puramente aristocrático), integralmente amador e supostamente não maculado pelo dinheiro. Apesar da retórica olímpica segundo a qual «o que interessa não é vencer, mas sim competir, o importante não é ganhar, mas sim participar», a verdade é que para os governos de todos os países os Jogos Olímpicos constituíam uma magnífica oportunidade de medir forças com os restantes na caça às vitórias e às medalhas, com os correspondentes aproveitamentos políticos (um país medalhado é um país bem governado...). Na prática, vencer é o mais importante, se é que não é mesmo, como alguém disse, a única coisa que importa! Ora, tal vitória só seria possível se os melhores atletas participassem nos Jogos em representação do respetivo país, o que, por sua vez, pressupunha que eles não fossem (tidos como) profissionais. Assim sendo, compreende-se que durante largos anos as instituições desportivas (federações desportivas, comités olímpicos, etc.) tenham adotado noções muito amplas de praticante amador/não profissional, desconhecendo a figura do praticante profissional ou circunscrevendo-a drasticamente.

XIV. Diz-se, por vezes, que o amadorismo consiste num estado de alma, o do atleta que pratica o desporto sem a menor intenção lucrativa, de forma materialmente desinteressada. Afirma-se, inclusive, que se o profissional pratica desporto para ganhar dinheiro, o amador não raro gasta dinheiro para praticar desporto. Ora, estas afirmações poderão corresponder à pureza dos conceitos, mas a verdade é que a situação de falso amadorismo acima descrita chegou a um ponto tal que um dia o famoso ciclista Jacques Anquetil pôde sentenciar, com alguma razão, que, bem vistas as coisas, «a diferença entre um profissional e um amador é que o primeiro paga impostos». Em todo o caso, uma coisa é certa: do ponto de vista jurídico, a etiqueta de «amador» não basta para evitar a aplicabilidade da legislação do trabalho a um praticante desportivo que seja, na verdade, um profissional, *rectius,* um trabalhador, sob pena de o direito laboral desportivo ficar como que refém da regulamentação federativa, situação esta a todos os títulos inaceitável.

XV. *Contrato de trabalho desportivo é sinónimo de contrato de trabalho do praticante desportivo?* Não. O contrato de trabalho do praticante desportivo é apenas uma espécie – ainda que, sem dúvida, a mais importante – do *genus* contrato de trabalho desportivo. Este abarca também o contrato de trabalho de outros agentes desportivos, designadamente o contrato dos treinadores desportivos e, eventualmente, o contrato dos árbitros. Registe-se, aliás, que, na ausência de um regime jurídico específico para disciplinar o contrato de trabalho dos treinadores desportivos, a nossa jurisprudência vem propendendo, nos últimos anos, para aplicar a estes últimos, por analogia, o regime jurídico do contrato de trabalho dos praticantes – neste sentido, *vide* os Acórdãos do Supremo Tribunal de Justiça, de 24/01/2007 (Mário Pereira), 12/09/2007 (Maria Laura Leonardo), 10/07/2008 (Mário Pereira), 20/05/2009 (Sousa Grandão), 16/11/2010 (Sousa Peixoto) e 25/06/2015 (Fernandes da Silva).

XVI. O contrato de formação desportiva, disciplinado nos arts. 28.º a 35.º do presente diploma, surge, na economia da lei, como uma espécie de contrato de aprendizagem. Não implica este contrato qualquer dever de pagar retribuição, por parte da entidade formadora; o principal dever que sobre esta recai consiste, justamente, em ministrar formação ao jovem atleta, em «prestar a este a formação adequada ao desenvolvimento da sua capacidade técnica e à aquisição de conhecimentos necessários à prática de uma modalidade desportiva» (o que, em todo o caso, não exclui que as partes possam convencionar o pagamento de alguma verba, a título de subsídio ou de bolsa, por parte da entidade formadora). O formando será, em regra, um menor, ainda a frequentar a escolaridade obrigatória (mas não é impossível que ele já seja maior e já tenha concluído a escolaridade obrigatória), que se obriga a executar as tarefas inerentes à formação ministrada, tendo em vista a aprendizagem ou o aperfeiçoamento de uma dada modalidade desportiva, na esperança, em regra, de vir a tornar-se profissional no termo da formação, celebrando então o seu primeiro contrato de trabalho desportivo.

XVII. Segundo o art. 37.º, n.º 1, da LBAFD, «são empresários desportivos, para efeitos do disposto na presente lei, as pessoas singulares ou coletivas que, estando devidamente credenciadas, exerçam a atividade de representação ou intermediação, ocasional ou permanente, mediante remuneração, na celebração de contratos de formação desportiva, de trabalho desportivo ou relativos a direitos de imagem». Cotejando esta definição com a constante da al. *c)* do presente artigo, vemos que elas coincidem, no essencial, merecendo ainda assim destaque duas diferenças, quiçá pouco significativas: *i)* a presente lei não inclui a remuneração como elemento indefetível na atividade de representação ou intermediação desenvolvida pelo empresário (o que não obsta a que a remuneração seja, decerto, uma nota habitual e típica da respetiva atividade); *ii)* a presente lei refere-se à atividade de representação ou intermediação «na celebração de contratos desportivos», ao passo que a LBAFD identifica esses contratos como sendo os «de formação desportiva, de trabalho desportivo ou relativos a direitos de imagem». Apesar do caráter algo vago da locução «contratos desportivos», talvez esta fórmula seja mais feliz, pois não tenta encerrar artificialmente o tipo de contratos em que a atividade do empresário desportivo pode ter intervenção. Assim é que, por exemplo, um empresário desportivo bem poderá atuar no âmbito da celebração de um "contrato de transferência" entre dois clubes (representando um deles nessa operação), coisa que, lendo a LBAFD, pareceria estar fora das suas atribuições. E, por outro lado, como veremos *infra*, a possibilidade de um empresário desportivo ter intervenção num contrato de formação é quase residual, ao invés do que a LBAFD sugere.

XVIII. O regime jurídico dos empresários desportivos, ainda algo incipiente, consta dos arts. 36.º a 39.º deste diploma.

Artigo 3.º – Direito subsidiário e relação entre fontes

1 – Às relações emergentes do contrato de trabalho desportivo aplicam-se, subsidiariamente, as regras aplicáveis ao contrato de trabalho que sejam compatíveis com a sua especificidade.
2 – As normas constantes desta lei podem ser objeto de desenvolvimento e adaptação por convenção coletiva de trabalho que disponha em sentido mais favorável aos praticantes desportivos e tendo em conta as especificidades de cada modalidade desportiva.

I. A *diversidade normativa* constitui hoje, seguramente, uma das principais características do ordenamento jurídico-laboral. Com efeito, surgindo o mundo do trabalho, cada vez mais, como uma realidade multiforme e heterogénea, compreende-se que o correspondente direito não possa apresentar-se como um bloco monolítico. E a verdade é que, independentemente dos juízos de valor que se façam quanto a esse fenómeno, a tendência vem sendo a de reforçar e aprofundar semelhante processo de diversificação normativa, dando azo a uma crescente pluralidade de estatutos laborais específicos. No confronto entre uniformidade e pluralismo declara-se o triunfo deste, proclama-se a inadequação do chamado «enquadramento único» e anuncia-se a quebra do «mito da uniformidade de estatuto do trabalhador subordinado». Afirma-se o *pluralismo tipológico* do contrato de trabalho: este, diz-se, é um género que compreende diversas espécies – e uma dessas espécies consiste, justamente, no contrato de trabalho desportivo. Tanto a situação atual como as perspetivas que se desenham para o futuro próximo tendem, pois, a reconduzir este ramo do direito a um autêntico «direito disperso do trabalho», sendo este configurado, não como um continente jurídico, mas como uma espécie de arquipélago. A visão tradicional da ordem juslaboral como «Direito do contrato de trabalho» deve, assim, ser substituída por uma visão diferente, concebendo-se a ordem juslaboral como «Direito dos contratos de trabalho».

II. Não vamos, aqui e agora, analisar em detalhe as razões que levaram ao surgimento deste «direito disperso do trabalho». Parece, em todo o caso, poder afirmar-se com segurança que algumas delas se prendem com o próprio caráter expansivo deste ramo do direito, com a força atrativa das leis laborais. Produto tardio da Revolução Industrial, nascido a pensar na fábrica e no operário, o Direito do Trabalho cresceu muito ao longo do século XX, abriu-se a novas realidades, terciarizou-se, sofreu o choque da revolução tecnológica e da era digital. Neste processo, o âmbito subjetivo do Direito do Trabalho ampliou-se consideravelmente – a fábrica é substituída pela empresa, o operário pelo trabalhador, a dependência económica pela subordinação jurídica –, indo muito para além do seu protótipo tradicional, da matriz fabril que esteve na sua génese. Ora, esta mesma ampliação veio a colocar em crise a unicidade, se não mesmo a unidade, do ordenamento juslaboral. A expansão importou, inevitavelmente, uma certa diversificação. O processo de laboralização de dadas relações jurídicas (por exemplo, da estabelecida pelos desportistas profissionais) acarretou a correspondente especialização de regimes.

III. Bem ou mal, o crescimento do Direito do Trabalho andou a par, pois, com alguma perda da sua homogeneidade. A expansão e a ampliação tiveram o seu reverso na diversificação e na dispersão, quando não numa certa desagregação. Assim, e no que ao praticante desportivo diz respeito, a afirmação do caráter *laboral* da sua relação sempre foi invariavelmente acompanhada da proclamação da sua natureza *especial*. As nossas leis dão disso claro testemunho, a começar pela LBAFD, que encarrega o legislador de definir o regime jurídico contratual dos praticantes desportivos profissionais por diploma próprio, «tendo em conta a sua especificidade em relação ao regime geral do contrato de trabalho» (art. 34.º/2). Dir-se-ia, em síntese, que, no plano do direito nacional como no plano do direito comparado, para o desportista profissional a laboralização de estatuto e a especialização de regime constituem as duas faces da mesma moeda. E surge, então, a grande questão: neste campo, quais serão as razões em que assenta a proclamada especificidade da relação laboral desportiva? Onde reside, afinal, essa especificidade? Qual é a medida das mencionadas especialidades? Em suma, contrato especial porquê?

IV. Não é difícil alinhavar algumas respostas mais ou menos satisfatórias. Com efeito, o protótipo normativo das relações de trabalho subordinado é constituído, recorde-se, pela atividade desenvolvida por um operário ou um empregado no seio de uma empresa privada e de escopo lucrativo. A empresa privada capitalista, imbuída de um espírito de lucro, assume-se, desde sempre, como realidade modelar e dominante na regulamentação jurídico-laboral, regulamentação esta que surge, precisamente, com a função de tutelar o trabalhador, evitando a sua sobre-exploração (embora também, porventura, legitimando a sua exploração). Ora, a relação laboral desportiva apresenta aqui particularidades importantes, quer no que toca aos seus sujeitos, quer no atinente ao respetivo objeto.

V. Começando pelos *sujeitos,* no que diz respeito à entidade empregadora tradicional neste domínio – o clube desportivo – cumpre sublinhar que esta é uma associação privada de fim não lucrativo, é uma pessoa coletiva de utilidade pública, tendo mesmo um escopo de natureza ideal, de caráter não económico: o fomento e a prática de atividades desportivas. É claro que, na medida em que surge e prolifera um novo protagonista neste setor – as sociedades desportivas –, boa parte deste discurso perde consistência. As sociedades desportivas, constituídas sob a forma de sociedade anónima e dotadas de fins lucrativos, obedecem à lógica do *profit is beautiful,* ao contrário do que sucede (ou do que é suposto suceder) com os clubes desportivos. Sob este ponto de vista, esbatem-se um pouco as diferenças entre a relação laboral comum e a relação laboral desportiva, isto é, trata-se de um argumento menos a justificar possíveis disparidades de regime jurídico entre ambas.

VI. Por outro lado, e quanto ao trabalhador, é indesmentível que entre o vulgar operário fabril ou empregado de escritório e o praticante desportivo profissional (atleta, jovem, por vezes com estatuto de vedeta e

CONTRATO DE TRABALHO DESPORTIVO

apresentado como modelo, auferindo elevadas remunerações...) há diferenças não despiciendas.

VII. Quanto ao *objeto* do contrato, é sabido que a prática desportiva profissional constitui uma atividade efémera, quando comparada com as atividades laborais comuns. Trata-se, com efeito, de uma profissão de desgaste rápido, que em regra começa por volta dos 18-20 anos de idade e acaba pouco depois dos 30. A brevidade da carreira profissional do praticante desportivo – a qual termina numa idade em que muitas outras carreiras profissionais ainda estão a despontar – significa, parafraseando Antoine Blondin, ser ele alguém de certo modo destinado a morrer duas vezes. Segundo as belas palavras do escritor, «il assiste à cette agonie en lui de l'athlète qu'il a été».

VIII. Por outro lado, é indiscutível que a subordinação jurídica do praticante desportivo relativamente ao empregador assume aqui contornos particularmente intensos. Pense-se na frequente, e por vezes abusiva, laboralização da vida privada (para não falar na vida íntima) do praticante desportivo, com o consequente esbatimento das fronteiras entre a sua vida profissional enquanto trabalhador e a sua vida extraprofissional enquanto cidadão. Pense-se ainda, por exemplo, na obrigação de integrar os chamados «estágios de concentração», por vezes muito frequentes e/ou longos – sendo que a nossa lei esclarece que o tempo de estágio se encontra compreendido no período normal de trabalho do praticante desportivo (portanto este tem o dever de os integrar), mas também que tais períodos de tempo não relevam para efeito dos limites do período normal de trabalho previstos na lei geral (pelo que o praticante não beneficia, quanto a esses períodos, das regras limitativas da duração do trabalho).

IX. Por último, a atividade do praticante desportivo insere-se num espetáculo, não raro num espetáculo mediático. Ator principal do espetáculo desportivo, não espanta por isso que, por vezes, o praticante desportivo seja assimilado ao artista, ao profissional de espetáculos (ou, pelo menos, tratado em conjunto com este). Ora, deve dizer-se que esta aproximação é legítima, mas é-o apenas até certo ponto. Com efeito, o espetáculo desportivo pressupõe a competição, diferencia-se pelo agonismo (a luta pela vitória, pelo recorde, o *citius, altius, fortius*). Não se busca aqui, propriamente, a beleza do gesto, a excelência na interpretação, como no *ballet*, na ópera ou no teatro. O praticante desportivo profissional é pago para disputar as competições e, tanto quanto possível, vencê-las, não para representar, não para se exibir como se de uma bailarina se tratasse – circunstância esta que, evidentemente, não invalida que os seus movimentos possuam, por vezes, inegável beleza estética, mas já implica que entre a eficácia do gesto e a beleza do movimento o praticante deva optar por aquela, se necessário em detrimento desta. Mais do que *exibição*, o desporto é *competição*, pelo que sem este elemento competitivo o espetáculo carece de verdadeiro caráter desportivo.

X. Eis alguns dos aspetos que marcam a diferença entre a relação laboral comum e a relação laboral desportiva, reclamando, porventura, uma disciplina própria para esta última. Mas, a nosso ver, talvez não sejam estes os elementos determinantes da qualificação da relação laboral do praticante desportivo como uma relação especial de trabalho. O elemento decisivo para tal qualificação parece residir naquilo que por vezes se designa por *causa mista* do contrato de trabalho desportivo. Pergunta-se: o desportista profissional não joga, antes trabalha? Ou o desportista profissional trabalha, mas também joga? Qual destas fórmulas é a preferível, ou melhor, qual delas traduz mais fielmente os dados do atual ordenamento jurídico? Cremos não haver espaço para grandes dúvidas a este respeito: na perspetiva do atual Estado-legislador, há que acarinhar e tutelar a competição desportiva, em particular a competição desportiva profissional. Esta última constitui, com efeito, uma atividade económica de grande (e crescente) relevo, que atrai e movimenta, que encanta e aliena, uma porção muito significativa da população. Ademais, diz-se, a competição desportiva profissional surge como a ponta do *iceberg*, pelo que uma boa competição profissional (isto é, uma competição credível, com qualidade e disputada com limpeza) representa a melhor propaganda que a prática desportiva pode ter, despertando o entusiasmo da juventude e fomentando a prática desportiva na vertente de recreação, com todos os efeitos benéficos daí decorrentes. Acresce ainda que a prática desportiva profissional permite alimentar as seleções ou repre-

CONTRATO DE TRABALHO DESPORTIVO

sentações nacionais nas grandes competições desportivas internacionais (campeonatos mundiais e europeus, jogos olímpicos, etc.), projetando, na exata medida dos êxitos alcançados, o nome e o prestígio do país, avivando os sentimentos de identificação e de orgulho pátrios...

XI. Que reflexos tem o que acaba de ser dito em sede de contrato de trabalho desportivo? Precisamente o de que, para o hodierno Estado-legislador, o desportista profissional não se limita a trabalhar, mas também joga. Ou melhor, ele trabalha jogando e joga trabalhando, surgindo, a um tempo, como homem-trabalhador e como homem-jogador. *Os dois elementos – trabalho e jogo – estão presentes neste contrato, como que fundindo-se, e ambos relevam igualmente para o ordenamento jurídico.* Verifica-se aqui um processo de integração, ou de interação, entre o ordenamento jurídico-laboral e o ordenamento jurídico-desportivo: a função económico-social própria do contrato de trabalho desportivo, a sua finalidade intrínseca, é mista; o seu objeto, *lato sensu,* é dual – laboral e desportivo.

XII. Ao contrário do que antes se pensava, pois, o desportista não deixa de jogar pelo facto de ser profissional. O jogo continua, só que agora ele também trabalha: este motivo justifica a laboralização desta relação; aquele justificará, porventura, algumas particularidades e adaptações no seu regime jurídico. Há aqui, com efeito, duas funções que se compenetram: *a função típica do ordenamento juslaboral (função tuitiva do praticante/ trabalhador) e a função própria do ordenamento jusdesportivo (função tuitiva da competição).* O regime jurídico do contrato de trabalho desportivo deverá, por conseguinte, adequar-se aos fins de ambos os ordenamentos, buscando a melhor combinação possível entre a tutela do trabalho e a tutela do jogo, entre a promoção dos interesses do trabalhador e a preservação do interesse da competição, entre a proteção da pessoa do fator produtivo/praticante desportivo e a salvaguarda da qualidade do produto/ espetáculo desportivo.

XIII. Vale isto por dizer que, sendo o contrato de trabalho desportivo, como é óbvio, um contrato de trabalho, ele é algo mais do que isso: ele é também uma pedra bastante importante do vasto edifício jurídico-desportivo existente no nosso país. A presente lei não é uma simples lei do trabalho. É também (alguns dirão: é sobretudo) uma lei do sistema desportivo. Neste sentido, pode dizer-se que o contrato regulado por esta lei se prefigura como um contrato *bidimensional*, ou, se se preferir, um contrato *bifronte*: estamos, é certo, perante um *contrato de trabalho (desportivo)*, mas estamos outrossim perante um *contrato de desporto (trabalhado)*. O seu objeto consiste numa atividade laboral que se caracteriza por ser desportiva, mas também numa atividade desportiva que se contradistingue por ser laboral. Não se trata, apenas, de qualificar desportivamente o substantivo trabalho; trata-se, bem assim, de qualificar laboralmente o substantivo desporto.

XIV. Em conclusão, dir-se-ia que o contrato de trabalho desportivo é um *contrato especial de trabalho*, acima de tudo, pela necessidade de, na sua disciplina jurídica, se coordenar o aspeto laboral com o aspeto desportivo, pela necessidade de compatibilizar ambas as suas facetas. Trata-se, então, de articular a tradicional proteção do trabalhador/desportista com a adequada tutela do desporto/competição desportiva, visto que, para o ordenamento jurídico estadual, estes são dois valores de extrema importância, cuja conciliação se mostra indispensável. Ora, sucede que a lógica muito própria e peculiar da competição desportiva profissional pode reivindicar – ou, pelo menos, recomendar – um certo número de desvios, nesta sede, relativamente ao regime geral do contrato de trabalho. Vejamos porquê.

XV. O desporto profissional constitui hoje, como se disse, uma atividade económica de considerável relevo. Todos falam – uns com entusiasmo, outros com resignação, outros até com revolta – na imparável comercialização do desporto, na crescente submissão deste à implacável lógica do capital, na inexorável empresarialização, mercantilização e mediatização do fenómeno desportivo, no consumadíssimo casamento entre desporto e capitalismo, com o consequente nascimento de uma autêntica indústria capitalista do desporto, etc. É um facto, e um facto incontornável: vivemos na era do *sports business*. A questão a colocar não é já, pois, a de saber se o desporto profissional constitui ou não uma atividade económica, mas estoutra: *trata-se de uma atividade económica com ou sem especificidades de monta, relativamente às demais atividades económicas?*

XVI. Os estudos sobre a economia do desporto profissional (efetuados, com especial incidência, nos Estados Unidos da América) têm, na sua grande maioria, vincado que o *sports business* constitui uma atividade económica que apresenta alguns traços peculiares, que possui uma lógica própria, algo distinta da lógica empresarial típica dos demais setores de atividade. Com efeito, e desde logo, o produto explorado pelas empresas que aí operam – o espetáculo desportivo – resulta, necessariamente, de uma produção conjunta: o clube é uma empresa condenada a produzir conjuntamente com um concorrente. Um jogo de futebol, por exemplo, necessita da intervenção de duas empresas (dois clubes) para se efetuar. Um campeonato de basquetebol ou de andebol, para dar outro exemplo, carece da presença de vários clubes. Uma empresa, por si só, é incapaz de produzir o espetáculo desportivo. Esta necessidade de produção conjunta faz com que essas empresas, competindo embora acerrimamente no plano desportivo, sejam de algum modo parceiras no plano económico. Estabelece-se entre elas uma relação dúplice, se não ambivalente, de tipo adversarial-fraternal, de competição-cooperação, de concorrência-conivência, uma relação, diz-se, de «concorrência associativa» ou de «oposição cooperativa».

XVII. A concorrência entre as diversas empresas visa aqui apurar um vencedor, um campeão, mas nunca afastar as restantes empresas do mercado. Como é sabido, a luta concorrencial feroz que se trava nos vários setores de atividade económica tem como consequência, por vezes, a eliminação dos concorrentes menos eficientes e/ou apetrechados, eliminação essa porventura desejada pelas empresas mais competitivas, que assim garantem uma maior fatia de mercado. Mas não é assim no domínio desportivo: aqui, uma só empresa, por maior que seja, não consegue gerar o produto, não consegue oferecer o espetáculo desportivo; precisa de outra, ou outras, para o fazer. Ganhar significa aqui superiorizar-se aos adversários, ser melhor do que estes (o que pressupõe que estes existam e disputem a competição), não provocar o seu desaparecimento. Em definitivo, no desporto profissional o objetivo é ser o *número um*, não o *número único*, a competição faz-se *contra*, mas também *com*, o adversário. Afinal, como alguém escreveu, «la compétition, c'est faire 'avec-contre'».

XVIII. O espetáculo desportivo apresenta, pois, algumas especificidades de relevo ao nível do respetivo processo de produção, *maxime* devido à referida necessidade de produção conjunta entre as várias empresas concorrentes. Mas a chave do êxito do espetáculo desportivo reside, sem dúvida, num fator fundamental: a incerteza do resultado *(uncertainty of outcome)*. Com efeito, o fascínio deste espetáculo assenta neste elemento de incerteza, de imprevisibilidade, é isto que o converte num «melodrama continuamente renovado». O público consome o produto (assistindo aos jogos ao vivo ou na televisão, ouvindo os relatos radiofónicos, etc.) não tanto, ou nem sequer, pela beleza estética do próprio espetáculo, mas pela emoção, pela esperança numa vitória da sua equipa preferida, vitória, todavia, incerta. O público vibra com o espetáculo desportivo e anseia pela vitória da sua equipa, justamente porque tal vitória não é um dado adquirido, precisamente porque existe sempre o espectro de uma possível derrota. É deste jogo de ilusão/desilusão (alguns dirão: de alienação) que vive o espetáculo desportivo, é esta «deliciosa expectativa», é esta «doce tensão», é este «fator sonho» que o alimenta. E é também isto que explica que o espetáculo desportivo, e não o circo, seja hoje o maior espetáculo do mundo.

XIX. Acontece que, se o espetáculo desportivo vive da incerteza do resultado, para esta, diz-se, é condição *sine qua non* que exista um mínimo de equilíbrio competitivo *(competitive balance)* entre os contendores. Uma competição desportiva patentemente desequilibrada, na qual a disparidade de forças praticamente não deixe margem para dúvidas quanto ao seu vencedor, revela-se, com efeito, pouco atrativa. O espetáculo desportivo necessita, como se disse, da emoção, do drama, da incerteza do resultado. Se o confronto se verifica entre forças muito desiguais há pouco espaço para a ilusão (os mais otimistas dirão que por vezes há milagres, mas estes, se os houver, acontecem muito raramente...) e, sem esta, o público desinteressa-se, não assiste à competição, baixa o nível das audiências, a publicidade e os patrocínios diminuem, o dinheiro escasseia, o negócio não prospera...

XX. Estamos, por conseguinte, perante uma atividade económica com uma lógica algo peculiar. O espetáculo desportivo é necessariamente coproduzido pelas empresas concorrentes, assenta o seu eventual êxito na incerteza do resultado e esta, por sua vez, só é verosímil caso exista algum equilíbrio de forças entre os oponentes. Isto significa que há aqui uma acentuada interdependência entre as empresas concorrentes, não obstante elas se defrontarem, às vezes de forma encarniçada, no terreno desportivo: as diversas empresas unem-se para produzir o espetáculo e este será tanto mais apetecível quanto maior for a incerteza quanto ao seu resultado, o que, por seu turno, supõe um razoável equilíbrio de forças entre tais empresas.

XXI. Aceitando-se as traves-mestras desta argumentação – *o espetáculo desportivo carece de uma produção conjunta, vive da incerteza do resultado e postula um mínimo de equilíbrio competitivo* –, então, diz-se também, importa tomar especiais precauções. Como os diversos clubes-empresas têm um potencial económico bastante distinto (há clubes de grandes metrópoles, com larga massa de adeptos e significativas audiências televisivas, bem como clubes de zonas pouco populosas, com escasso número de adeptos e mediaticamente pouco apetecíveis), há que evitar uma concorrência livre e aberta entre essas várias empresas, quer no que toca ao mercado do produto, isto é, à exploração do espetáculo desportivo (negociação de transmissões televisivas, por exemplo), quer no que respeita ao mercado laboral, à própria contratação de praticantes desportivos. Ou seja, em nome do *competitive balance* defende-se o estabelecimento de restrições à concorrência entre as empresas desportivas, em vários domínios, incluindo no mercado de trabalho. Se assim não for, alega-se, os clubes mais poderosos ficarão cada vez mais ricos e contratarão todos os bons praticantes, ao passo que os restantes ficarão cada vez mais empobrecidos, financeira e desportivamente. Acentuar-se-ia, assim, o fosso entre uns e outros, diminuiria o equilíbrio competitivo, haveria menos incerteza quanto ao resultado, o entusiasmo dos (tel)espetadores decresceria, haveria menos receitas (inclusive publicitárias), os lucros diminuiriam, os salários ressentir-se-iam... em suma, a indústria do desporto profissional, enquanto indústria de entretenimento, estaria pouco menos do que condenada!

XXII. O argumento central é, pois, o seguinte: as especificidades do desporto profissional enquanto atividade económica, a sua peculiar lógica empresarial, justificam uma certa cartelização desta indústria, reclamam o condicionamento da concorrência entre os clubes-empresas, requerem o estabelecimento de sistemas corretivos, de mecanismos de solidariedade de algum modo inspirados num *help-the-weak principle*. O jogo concorrencial aberto provocaria aqui fortes crises, a livre concorrência revelar-se-ia contraproducente, se não mesmo algo suicidária. No que ao mercado de trabalho diz respeito – aspeto que sobretudo nos interessa –, bem se sabe que, desde há muito, existe um «verdadeiro despique para a arregimentação dos praticantes mais qualificados» entre os vários clubes. Assim sendo, alega-se que importaria regular e condicionar esse despique. Haveria que colocar limites a essa concorrência, de modo a evitar o alargamento do «fosso competitivo» de que acima se fala e garantir que os intérpretes do espetáculo desportivo são, de facto, os «rivais quase iguais» a que acima nos referimos. Ou seja, a *competição desportiva* e a *concorrência económica* como que se excluiriam mutuamente neste domínio: a promoção daquela postularia a restrição desta, a salvaguarda desta ameaçaria a qualidade daquela.

XXIII. Sucede, porém, que restringir a concorrência entre as empresas no mercado de trabalho significa limitar a mobilidade do praticante desportivo profissional, significa cercear a sua liberdade de contratar, significa, em suma, condicionar a sua liberdade de trabalho – pois esta, como é sabido, implica a liberdade de escolha do empregador pelo trabalhador, requer a liberdade de eleição do parceiro contratual por parte deste último, reclama a liberdade de o trabalhador oferecer os seus serviços a qualquer entidade empregadora, mesmo se concorrente daquela para a qual ele vem prestando a respetiva atividade. Os diversos sistemas limitativos da mobilidade profissional do praticante desportivo – os chamados *player restraint systems* –, instituídos na Europa e nos Estados Unidos, conquanto louvando-se na necessidade de alcançar e/ou de preservar o indispensável equilíbrio competitivo, têm, porém, uma natureza dúplice: eles analisam-se, simultaneamente, numa restrição à livre concorrência entre as empresas e numa restrição à liberdade de trabalho do praticante. Estamos, na verdade, perante o anverso e o reverso da mesma medalha, pois trata-se de mecanismos que constituem entraves, quer à livre compra dos serviços dos praticantes por parte dos clubes, quer à livre venda desses mesmos serviços por parte dos praticantes.

CONTRATO DE TRABALHO DESPORTIVO

XXIV. Em termos telegráficos, eis, pois, como se apresentam as reivindicações feitas pela economia do desporto profissional ao correspondente ordenamento jurídico, inclusive ao ordenamento jurídico-laboral: *coprodução do espetáculo desportivo –> incerteza do resultado –> equilíbrio competitivo –> restrições à livre concorrência interempresarial –> restrições à concorrência no mercado de trabalho desportivo = restrições à liberdade de trabalho do praticante desportivo.*

XXV. Tendo em conta o acima exposto, compreende-se que, na linha do estabelecido no art. 9.º do CT, a presente norma remeta, a título subsidiário, para o regime geral do contrato de trabalho, contanto que as normas desse regime geral se mostrem compatíveis com a especificidade do contrato de trabalho desportivo. Ou seja, a remissão para o regime geral não é feita de modo automático e indiscriminado, mas dir-se-ia, de modo condicionado e inteligente. Aplicar-se-ão nesta sede, a título subsidiário, as normas gerais, previstas no CT, mas só se estas superarem o teste de compatibilidade com o regime do trabalho desportivo. Com efeito, soluções há, no regime geral, que podem ter sido estabelecidas em razão de lógicas e motivos totalmente intransponíveis para o trabalho desportivo, pelo que, se assim for, a ausência de regime especial, a falta de norma específica, não deve levar, inapelavelmente, à aplicação da norma geral, porque tal se revelaria desajustado. Se assim não for e na medida em que assim não seja, então, realmente, as regras gerais do CT aplicar-se-ão em sede de contrato de trabalho desportivo (será o caso, desde logo, de muitas regras em matéria de direito coletivo do trabalho, como sejam as relativas à liberdade sindical, ao direito de contratação coletiva e ao direito à greve, matérias em que a presente lei é praticamente omissa).

XXVI. O n.º 2 estabelece os termos do relacionamento entre esta lei e a contratação coletiva. Assim, e por um lado, esta lei assume-se como uma espécie de lei-quadro, aplicável ao trabalho desportivo prestado por praticantes profissionais no âmbito das mais diversas modalidades desportivas, mas suscetível de ser desenvolvida e adaptada a cada modalidade desportiva, tendo em conta as especificidades da mesma, por via de convenção coletiva de trabalho. Por outro lado, nesta tarefa de desenvolvimento e adaptação deve ser respeitado o tradicional princípio do *favor* *laboratoris*, ou seja, em princípio as normas desta lei estabelecem mínimos de tutela do praticante desportivo, apenas podendo ser objeto de alteração por via de convenção coletiva desde que esta estabeleça condições mais favoráveis para os praticantes desportivos. Em regra, as normas deste diploma possuem, pois, um caráter relativamente imperativo (normas semi-imperativas ou normas de imperatividade mínima), podendo ser afastadas por convenção coletiva desde que esta estabeleça um tratamento mais favorável para os trabalhadores do desporto.

XXVII. Por outro lado, resulta deste artigo que, tal como se encontra estabelecido no CT e corresponde à própria razão de ser do Direito do Trabalho, em princípio as normas legais reguladoras do contrato de trabalho desportivo só podem ser afastadas por estipulações de contrato individual que estabeleçam condições mais favoráveis para o praticante (art. 3.º, n.º 4, do CT). A liberdade contratual das partes encontra-se, pois, condicionada pelo disposto, em moldes imperativos, na presente lei, o que, de resto, não se afasta do disposto no art. 405.º do CCivil, preceito que consagra o princípio da liberdade contratual, mas ressalva que a mesma sempre haverá de ser exercida dentro dos limites da lei.

Artigo 4.º – Arbitragem voluntária
Para a solução de quaisquer conflitos emergentes de contrato de trabalho desportivo e de contrato de formação desportiva, as associações representativas de entidades empregadoras e de praticantes desportivos podem, por meio de convenção coletiva, prever o recurso ao Tribunal Arbitral do Desporto, criado pela Lei n.º 74/2013, de 6 de setembro.

I. Vários fatores têm contribuído para que a produção jurisprudencial no âmbito da relação laboral do praticante desportivo seja, ainda hoje, relativamente escassa, desde a persistência de regulamentos federativos que inibem o praticante de se dirigir aos tribunais comuns até à convicção de que estes últimos funcionam de forma demasiado vagarosa e revelam insuficiente sensibilidade para com as especificidades e as idiossincrasias do fenómeno desportivo. Destarte, sendo esta uma área tradicionalmente avessa à intervenção dos tribunais judiciais – vista, não raro,

CONTRATO DE TRABALHO DESPORTIVO

como uma indesejada, por vezes mesmo como uma intolerável, intromissão –, não espanta que a relação laboral desportiva venha constituindo um terreno privilegiado para a instituição e atuação de mecanismos de arbitragem voluntária. Aliás, o próprio legislador aderiu sem reservas à arbitragem neste âmbito, conforme atestava o art. 30.º da Lei n.º 28/98, em cujo n.º 1 se lia: «Para a solução de quaisquer conflitos de natureza laboral emergentes da celebração de contrato de trabalho desportivo poderão as associações representativas de entidades empregadoras e de praticantes desportivos, por meio de convenção coletiva, estabelecer o recurso à arbitragem, nos termos da Lei n.º 31/86, de 29 de Agosto, através da atribuição, para tal efeito, de competência exclusiva ou prévia a comissões arbitrais paritárias, institucionalizadas, nos termos do disposto no Decreto-Lei n.º 425/86, de 27 de Dezembro».

II. Pelo exposto, não surpreende que boa parte da litigiosidade juslaboral desportiva seja canalizada para tribunais arbitrais e não para os tribunais do trabalho (o CCT dos jogadores de futebol, p. ex., há muito que contempla a constituição de uma comissão arbitral paritária à qual cabe dirimir os litígios de natureza laboral existentes entre os jogadores e os clubes ou sociedades desportivas). Entre nós e lá fora, a arbitragem vem-se tornando no método preferido de resolução dos litígios emergentes dos contratos dos desportistas, visto ser um processo mais rápido, mais informal, mais discreto e, quiçá, menos oneroso do que o recurso aos tribunais judiciais. Existe, sem dúvida, uma forte tendência para estabelecer sistemas de resolução extrajudicial de conflitos no âmbito do desporto profissional, devido, alega-se, à conjugação virtuosa de três fatores: celeridade, especialização e discrição.

III. O art. 4.º da presente lei situa-se nessa mesma linha de entendimento, estabelecendo que, para a solução de quaisquer conflitos emergentes de contrato de trabalho desportivo e de contrato de formação desportiva, pode ser previsto, mediante convenção coletiva, o recurso ao Tribunal Arbitral do Desporto (TAD), criado pela Lei n.º 74/2013, de 6 de setembro, alterada pela Lei n.º 33/2014, de 16 de junho. Com efeito, em matéria de arbitragem voluntária, o diploma que criou o TAD veio estabelecer que: *i)* podem ser submetidos à arbitragem do TAD todos os litígios relacionados direta ou indiretamente com a prática do desporto, que, segundo a lei da arbitragem voluntária, sejam suscetíveis de decisão arbitral (art. 6.º, n.º 1); *ii)* a submissão ao TAD de tais litígios pode operar--se mediante convenção de arbitragem, isto é, mediante cláusula compromissória (para litígios eventuais emergentes do contrato) ou compromisso arbitral (para um litígio atual), nos termos do art. 6.º, n.º 2; *iii)* a possibilidade de submissão ao TAD vale, designadamente, para quaisquer litígios emergentes de contratos de trabalho desportivo celebrados entre atletas ou técnicos e agentes ou organismos desportivos, podendo ser apreciada a regularidade e licitude do despedimento (art. 7.º, n.º 1); *iv)* de acordo com o definido no número anterior, foi atribuída ao TAD a competência arbitral das comissões arbitrais paritárias, prevista na Lei n.º 28/98 (art. 7.º, n.º 2).

IV. Este artigo autoriza que, por meio de convenção coletiva, seja previsto o recurso ao TAD para dirimir quaisquer litígios emergentes de contrato de trabalho desportivo ou contrato de formação desportiva. Situando-se no campo da arbitragem voluntária, e tendo presente o princípio da autonomia negocial coletiva, fica por esclarecer se, porventura, os sujeitos da convenção coletiva poderão prever o recurso a outros mecanismos de arbitragem voluntária, que não o TAD. Poderá, por exemplo, o CCT dos jogadores de futebol fazer renascer a defunta CAP (Comissão Arbitral Paritária), em detrimento do TAD? A nosso ver, e no plano da legislação ordinária, a resposta deve ser negativa. Com efeito, importa não esquecer que: *i)* mal ou bem, o diploma que criou o TAD determinou que a este seria atribuída a competência arbitral das comissões arbitrais paritárias criadas ao abrigo da Lei 28/98 (art. 7.º, n.º 2); *ii)* o supracitado art. 30.º da Lei 28/98 foi expressamente revogado pela lei que instituiu o TAD (art. 4.º, al. *a)*); *iii)* as comissões arbitrais criadas ao abrigo desse art. 30.º (máxime a CAP) mantiveram-se em vigor até uma determinada data (31 de julho de 2015, primeiro, depois 31 de julho de 2016, nos termos do seu art. 3.º, n.º 3), data a partir da qual a respetiva competência arbitral foi atribuída ao TAD. E, neste contexto, a norma sob anotação limita-se a prever que tais litígios, de índole laboral desportiva, poderão ser resolvidos pelo TAD.

V. Cremos que todos estes dados, extraídos da legislação ordinária, apontam com suficiente nitidez no sentido de que o nosso legislador, ao ter dedicado tantos esforços à criação do TAD, pretende que este, e só este, seja o tribunal arbitral institucionalizado para julgar todos e quaisquer litígios de natureza laboral desportiva. Neste domínio, parece, uma de duas: ou a contratação coletiva prevê a possibilidade de recurso ao TAD para dirimir litígios emergentes de contrato de trabalho desportivo, ou, então, caberá aos tribunais comuns do trabalho resolver tais litígios. Criar uma outra instância arbitral institucionalizada neste campo, como seja uma qualquer CAP, parece contrariar frontalmente o desígnio do legislador. Concorde-se ou não com esta opção (e, pela nossa parte, temos muitas dúvidas sobre a respetiva bondade), a verdade é que o legislador decretou a sentença de morte da CAP, revogou a norma legal em que a mesma se baseava e atribuiu ao TAD a competência que antes era da CAP. E, reitera-se, o artigo ora anotado também se inscreve nessa linha, visto que se limita a autorizar que, mediante convenção coletiva, seja previsto o recurso ao TAD para dirimir litígios de natureza laboral desportiva. Em suma, parece, no âmbito da relação laboral desportiva, ou TAD ou tribunais do trabalho, *tertium non datur...*

VI. Isto, note-se, no plano da legislação ordinária. Sobra a questão da eventual desconformidade constitucional desta solução, que reduz a arbitragem voluntária em matéria desportiva ao âmbito do TAD, por eventual colisão com a autonomia reclamada pelo direito fundamental de contratação coletiva, consagrado no art. 56.º, n.º 3, da CRP. Situamo-nos, repete-se, no campo da arbitragem voluntária, não necessária. E o direito de contratação coletiva supõe que seja reconhecida autonomia negocial aos sujeitos da convenção. Se, por exemplo, o sindicato dos jogadores de futebol e a liga de clubes entenderem, de comum acordo, que uma qualquer CAP é um mecanismo mais vantajoso do que o TAD, a que título é que o legislador se arroga o poder de coartar essa possibilidade, impondo um princípio de unicidade arbitral neste campo? Este será, então, um tribunal arbitral voluntário (visto que as partes sempre poderão, em alternativa, recorrer aos tribunais do trabalho), mas algo atípico, visto que as partes, se quiserem que os respetivos litígios sejam apreciados por um tribunal arbitral, terão necessariamente de se sujeitar ao TAD e não a qualquer outro que, por meio de convenção coletiva, pretendessem criar. Pode, pelo exposto, ser questionada a conformidade constitucional desta algo drástica opção do legislador, a começar pela forma como esse mesmo legislador se arrogou o poder de matar a CAP, ela que era o produto amadurecido da autonomia negocial dos sujeitos da contratação coletiva, no âmbito do futebol profissional.

VII. Pela nossa parte, confessamos ter algumas dúvidas em relação às propaladas vantagens da arbitragem, como meio alternativo de resolução de litígios laborais no âmbito desportivo. A vantagem da celeridade, essa não a pomos em causa. Se o tribunal arbitral conseguir resolver a situação rapidamente, isso, por si só, representará uma inegável e assinalável mais-valia para a arbitragem, em sede desportiva. Já a vantagem da especialização do julgador, essa, cremos, é mais discutível. Com efeito, a história da relação laboral desportiva demonstra que, muitas vezes, é da parte dos tribunais comuns (e, portanto, da lavra de julgadores não especializados no fenómeno desportivo) que provêm as decisões mais corajosas – e, de certo modo, mais independentes – nesta matéria. Relembre-se, para dar apenas um exemplo, o que sucedeu com o Acórdão *Bosman*, do TJUE. A independência requer, amiúde, algum distanciamento em relação ao fenómeno do qual emerge o litígio, mais ainda em relação a um fenómeno tão ofuscante e absorvente como é o fenómeno desportivo e face a instituições tão poderosas, económica e mediaticamente, como são as instituições desportivas. Um tribunal arbitral, composto por árbitros mais próximos daquele fenómeno e destas instituições, árbitros, quiçá, excessivamente sensíveis à narrativa emanada dos respetivos agentes, poderá, por isso mesmo, ter tendência a transigir, no que ao rigor jurídico diz respeito. E, se isso acontecer (esperemos que não), a vantagem da celeridade processual será obscurecida pela desvantagem de uma menor independência do julgador.

CONTRATO DE TRABALHO DESPORTIVO

CAPÍTULO II - Formação do contrato de trabalho desportivo

Artigo 5.º - Capacidade

1 – Só podem celebrar contratos de trabalho desportivo os menores que hajam completado 16 anos de idade e que reúnam os requisitos exigidos pela lei geral do trabalho.

2 – O contrato de trabalho desportivo celebrado por menor deve ser igualmente subscrito pelo seu representante legal.

3 – É anulável o contrato de trabalho desportivo celebrado com violação do disposto no número anterior.

I. «É menor quem não tiver ainda completado dezoito anos de idade», lê-se no art. 122.º do CCivil. No domínio do contrato de trabalho desportivo, importa, acima de tudo, distinguir consoante o menor tenha, ou não tenha, completado *dezasseis* anos de idade, pois, segundo o n.º 1 do presente artigo, só os menores que hajam completado os 16 anos podem celebrar este contrato e prestar a correspondente atividade desportiva. Antes dos 16 anos, o menor não pode ser sujeito desta relação jurídico-laboral, por razões facilmente intuíveis, que se prendem com a necessidade de salvaguardar a sua integridade física e psíquica, a sua saúde, a sua formação, a sua educação, etc. O menor com idade inferior a 16 anos padece, assim, de uma espécie de incapacidade negocial de gozo, a qual, nos termos gerais, provocará a nulidade de qualquer contrato de trabalho desportivo de que ele seja parte.

II. Atingidos os 16 anos de idade, e supondo que ele dispõe de capacidades físicas e psíquicas adequadas ao trabalho (art. 68.º, n.º 1, do CT), o menor adquire capacidade jurídica negocial, podendo ser sujeito de um contrato de trabalho desportivo. Ele sofre, no entanto, de uma incapacidade negocial de exercício (incapacidade de agir), visto que não pode, por si só e autonomamente, celebrar um tal contrato: sob pena de anulabilidade (n.º 3), este deve ser igualmente subscrito pelo seu representante legal (n.º 2). O representante legal intervém aqui, portanto, *ao lado* do menor. A lei não se basta, como sucede no regime geral do contrato de trabalho, com a não oposição dos representantes legais (*vd.* o art. 70.º/1 do CT); não é também suficiente a mera autorização dos representantes (*vd.* o art. 70.º/2 do CT); por outro lado, e ao contrário do que é típico da representação enquanto forma de suprimento da incapacidade, aqui o representante legal não se substitui ao menor na atuação jurídica, celebrando ele mesmo o contrato em lugar deste. Nem *omissão*, nem *permissão*, nem *atuação em substituição:* quem celebra o contrato de trabalho desportivo é o próprio menor, juntamente com o seu representante legal.

III. Não oferece dúvida, em todo o caso, que tratando-se de contrato de trabalho desportivo a tutela do representante legal se faz sentir de modo particularmente intenso, sobretudo se tivermos presente que a lei geral do trabalho apenas exige, como condição de validade do contrato, a não oposição (isto é, uma omissão) do representante. Julga-se que não faltam razões para justificar esta disparidade de regimes. A nosso ver, avultam as duas que seguem:

i) O legislador terá sido sensível à circunstância de a celebração do contrato de trabalho desportivo poder implicar um estado de vinculação, para o praticante, muito superior ao que resulta da conclusão de qualquer outro contrato de trabalho. Com efeito, o contrato de trabalho comum será válido, em princípio, se for celebrado diretamente com um menor que tenha completado 16 anos de idade, mas a esse menor – aliás como sucede com a generalidade dos trabalhadores – é atribuída uma grande margem de liberdade para extinguir o contrato, se assim o desejar (denúncia durante o período experimental, denúncia com aviso prévio mesmo após o decurso do período experimental, etc.). Já ao praticante desportivo, uma vez validamente celebrado o correspondente contrato de trabalho, não é reconhecido idêntico grau de liberdade para se demitir (a licitude da sua demissão pressupõe, em princípio, a existência de justa causa, ou o pagamento de uma soma amiúde elevadíssima, inscrita na "cláusula de rescisão"), pelo que se compreende que a lei tenha exigido, neste caso, a subscrição do contrato pelo representante legal do menor. Em sede de contrato de trabalho desportivo, o contrato celebrado diretamente com o menor, e apenas com este, não será válido (será anulável) – é indispensável a presença concordante do seu representante legal, o que, na ótica do legislador, exprime uma certa preocupação pela salvaguarda dos interesses do praticante desportivo menor.

ii) De acordo com o regime geral do contrato de trabalho, será válido o contrato celebrado diretamente com o menor que tenha completado 16 anos de idade, salvo oposição escrita dos seus representantes legais. Ora, o art. 70.º/4 do CT esclarece que tal oposição escrita poderá ser declarada a todo o tempo, o que, como é fácil de compreender, introduz uma considerável dose de insegurança na correspondente relação jurídico-laboral. Na verdade, o contrato será válido, mas, enquanto o trabalhador for menor, sempre penderá sobre ele, qual espada de Dâmocles, a eventualidade de uma declaração de oposição superveniente por parte dos seus representantes legais. Por razões que também não custa adivinhar, semelhante insegurança contratual não é de todo desejável no domínio desportivo, o que, crê-se, terá levado a presente lei a optar por exigir a subscrição do contrato pelo representante legal do menor, assim o corresponsabilizando e assim estabilizando a relação contratual entre o praticante e a entidade empregadora desportiva.

IV. Em suma, parece-nos que o regime plasmado no art. 5.º desta lei se desvia do regime geral do contrato de trabalho tendo em vista alcançar e articular dois desideratos que aqui se mostram particularmente importantes: o reforço da proteção dos interesses do praticante menor e, sobretudo, a salvaguarda da estabilidade da relação jurídico-laboral.

V. A emancipação do menor, através do casamento (única via de emancipação prevista pelo nosso CCivil, no art. 132.º), implica que o mesmo deixe de ter representante legal, pelo que poderá então celebrar ele mesmo, sozinho, o correspondente contrato de trabalho. Ainda assim, ele não deixa de ser menor, pelo que a sua emancipação não prejudica a aplicação de outras normas de tutela do praticante desportivo menor constantes desta lei – assim, por exemplo, o limite máximo de três épocas desportivas para a duração do respetivo contrato de trabalho, constante do art. 9.º, n.º 4, o dever de a entidade empregadora desportiva lhe proporcionar as condições necessárias à conclusão da escolaridade obrigatória, previsto no art. 11.º, al. *e)*, bem como, na mesma linha, as regras própias em matérias de estágios de concentração, ao abrigo do disposto no art. 16.º, n.º 3.

VI. Sobre o exercício das responsabilidades parentais, *vd.* os arts. 1901.º e ss. do CCivil.

Artigo 6.º – Forma e conteúdo

1 – Sem prejuízo do disposto em outras normas legais, na regulamentação desportiva ou em instrumento de regulamentação coletiva de trabalho, o contrato de trabalho desportivo é lavrado em triplicado, ficando cada uma das partes com um exemplar e a terceira para efeitos de registo.

2 – O contrato de trabalho desportivo só é válido se for celebrado por escrito e assinado por ambas as partes.

3 – Do contrato de trabalho desportivo deve constar:

a) A identificação das partes, incluindo a nacionalidade e a data de nascimento do praticante;

b) A identificação do empresário desportivo que tenha intervenção no contrato, com indicação da parte que representa, ou a menção expressa de que o contrato foi celebrado sem intervenção de empresário desportivo;

c) A atividade desportiva que o praticante se obriga a prestar;

d) O montante e a data de vencimento da retribuição, bem como o fracionamento previsto no n.º 4 do artigo 15.º, caso o mesmo seja decidido pelas partes;

e) A data de início de produção de efeitos do contrato;

f) O termo de vigência do contrato;

g) A menção expressa de existência de período experimental, quando tal for estipulado pelas partes, nos termos do artigo 10.º;

h) A data de celebração.

4 – Na falta da referência exigida pela alínea e) do número anterior, considera-se que o contrato tem início na data da sua celebração.

5 – Quando a retribuição for constituída por uma parte certa e outra variável, do contrato deverá constar indicação da parte certa e, se não for possível determinar a parte variável, o estabelecimento das formas que esta pode revestir, bem como dos critérios em função dos quais é calculada e paga.

I. Como é sabido, a regra geral no domínio do contrato de trabalho é a da consensualidade ou liberdade de forma (art. 110.º do CT), de acordo, aliás, com o disposto no art. 219.º do CCivil: «A validade da declaração negocial não depende da observância de forma especial, salvo quando a lei a exigir». O próprio art. 110.º do CT – segundo o qual, «o contrato de trabalho não depende da observância de forma especial, salvo quando a lei determina o contrário» – admite, contudo, exceções à regra da liberdade de forma, sendo que a mais importante delas diz respeito aos contratos a prazo, por força do art. 141.º do mesmo CT. Visto que o contrato de trabalho desportivo é, necessariamente, um contrato a termo, a obrigatoriedade da sua redução a escrito revela-se uma medida coerente, em consonância, de resto, com o que se passa na generalidade dos ordenamentos jurídicos, onde idêntica exigência é formulada.

II. A que se deve esta tão generalizada opção formalista, em sede de contrato de trabalho desportivo? Dir-se-ia que as vantagens tradicionalmente associadas ao formalismo negocial sobrelevam aqui, manifestamente, os respetivos inconvenientes. Com efeito, ao exigir forma escrita para este contrato a lei garante às partes uma mais elevada dose de reflexão (procurando prevenir qualquer ligeireza ou precipitação das mesmas), separa os termos definitivos do negócio da fase pré-contratual, permite uma formulação mais precisa e completa da vontade de ambas, proporciona um mais elevado grau de certeza sobre a celebração do negócio e os seus termos e, bem assim, possibilita uma certa publicidade do ato (o que poderá interessar a terceiros, quer a outras potenciais entidades empregadoras, quer à própria federação desportiva).

III. Em caso de inobservância da forma legal, *quid juris?* No n.º 1-*c)* do seu art. 147.º, o CT considera contrato sem termo aquele em que falte a redução a escrito, bem como a identificação ou a assinatura das partes. Contrato de trabalho desportivo de duração indeterminada é, porém, como veremos *infra*, algo de liminarmente excluído pela presente lei. Assim, a preterição da forma legal implicará a invalidade do contrato de trabalho desportivo, na senda do disposto no art. 220.º do CCivil. De todo o modo, verificando-se a existência de uma relação laboral desportiva sem que o respetivo contrato de trabalho tenha sido reduzido a escrito – hipótese pouco verosímil na área do «profissionalismo oficializado», mas, pensa-se, nada rara na área do «profissionalismo encapotado» –, importa não esquecer que a declaração de invalidade deste contrato não produzirá efeitos retroativos, operando apenas *ex nunc,* em virtude do disposto no art. 122.º/1 do CT.

IV. O n.º 3 refere-se ao conteúdo do contrato, isto é, às indicações que devem constar do documento contratual. Mas a falta de cumprimento de alguma dessas indicações não significa que, só por isso, o contrato seja nulo. Tudo depende da natureza do elemento em falta. E casos há em que as consequências da omissão resultam claramente da lei. Assim, na falta de referência à data de início de produção de efeitos do contrato, considera-se que o mesmo tem início na data da sua celebração (n.º 4); na falta de indicação do respetivo termo resolutivo, o contrato considera-se celebrado por uma época desportiva, ou para a época desportiva no decurso da qual for celebrado (art. 9.º, n.º 5); na falta de menção expressa à existência de período experimental, este não existirá (art. 10.º, n.º 1).

V. A falta de alguma das menções obrigatórias do documento contratual (por exemplo, da nacionalidade e data de nascimento do praticante, ou da identificação do empresário desportivo que interveio no contrato) poderá, contudo, implicar a recusa do respetivo registo por parte da federação desportiva competente, nos termos do art. 7.º, assim obrigando os sujeitos a completarem o documento em causa, em ordem a que o contrato possa ser registado e o praticante utilizado nas respetivas competições.

VI. Ao contrato de trabalho desportivo pode ser aposto um *termo suspensivo ou inicial,* isto é, a produção dos efeitos do contrato pode ser diferida para momento posterior ao da respetiva celebração (*vd.,* a este propósito, os arts. 278.º do CCivil e 135.º do CT). A lei distingue, claramente, entre a data de celebração e a data de início de produção de efeitos do contrato (n.º 3, als. *e)* e *h)*).

VII. Do contrato deve constar a indicação do montante e da data de vencimento da retribuição, bem como, tratando-se de retribuição mista, isto é constituída por uma parte certa e outra variável, a indicação da parte certa, bem como das formas que a retribuição variável pode assumir e dos critérios em função dos quais será calculada e paga.

VIII. No que diz respeito à exigência de indicação do montante da retribuição, estamos perante uma formalidade *ad probationem* e não *ad substantiam*. O princípio da verdade material e a própria tutela do direito à retribuição (até pela nota alimentar que, em regra, caracteriza este crédito) impõem que, apesar das limitações probatórias estabelecidas no art. 394.º do CCivil (convenções contrárias ou adicionais ao conteúdo de documentos), seja admissível o recurso à prova testemunhal para demonstração de que a retribuição efetivamente estipulada pelos sujeitos não coincide com a mencionada no documento escrito que titula o contrato de trabalho desportivo. Destarte, o combate ao conhecido fenómeno dos "contratos paralelos" – nos quais se verifica uma simulação negocial relativa e fraudulenta, em que o *quantum* remuneratório declarado no contrato simulado/fictício é inferior, por vezes muito inferior, ao *quantum* estabelecido no contrato dissimulado/real, com o intuito de prejudicar o Fisco –, requerendo, sem dúvida, a colaboração ativa dos tribunais, não legitima que, a pretexto de eventuais proibições de utilização de meios de prova, se ignore a realidade material, isto é, a retribuição efetivamente convencionada pelas partes. Neste sentido, *vd.* o importante Acórdão do STJ, de 25 de junho de 2002 (Mário Torres).

Artigo 7.º – Registo
1 – A participação do praticante desportivo em competições promovidas por uma federação dotada de utilidade pública desportiva depende de prévio registo do contrato de trabalho desportivo na respetiva federação.
2 – O registo é efetuado nos termos que forem estabelecidos por regulamento federativo.
3 – O disposto nos números anteriores é aplicável às modificações que as partes introduzam no contrato.
4 – No ato do registo do contrato de trabalho desportivo, a entidade empregadora desportiva deve fazer prova da aptidão médico-desportiva do praticante, bem como de ter efetuado o correspondente seguro de acidentes de trabalho, sob pena de recusa do mesmo.
5 – A falta de registo do contrato ou das cláusulas adicionais presume-se culpa exclusiva da entidade empregadora desportiva, salvo prova em contrário.

I. A mera redução a escrito do contrato de trabalho poderá não bastar, no entanto, para habilitar o praticante a participar na competição desportiva. Com efeito, à forma escrita acresce uma formalidade complementar – o *registo* do contrato de trabalho –, pois, de acordo com o n.º 1 deste preceito, «a participação do praticante desportivo em competições promovidas por uma federação dotada de utilidade pública desportiva depende de prévio registo do contrato de trabalho desportivo na respetiva federação». Este registo não é, note-se, uma condição de validade do contrato de trabalho desportivo. O contrato de trabalho não registado é perfeitamente válido (isto é, não sofre de quaisquer vícios internos, produzindo efeitos *inter partes*); mas tal contrato será ineficaz relativamente à respetiva federação, pelo que o praticante desportivo não poderá participar em competições por esta promovidas. O registo do contrato na federação apresenta, portanto, um caráter como que *declarativo*, e não *constitutivo*, pois releva apenas no domínio das relações com a federação e não no tocante às relações entre as partes contratantes.

II. Se às federações desportivas deverá ser dado conhecimento do nascimento do contrato de trabalho desportivo, o mesmo sucede relativamente às modificações que as partes introduzam no mesmo (n.º 3), à mais significativa das suas vicissitudes – a cedência do praticante a terceiro, cujo contrato carece igualmente de ser registado para que o praticante possa participar em competições ao serviço do cessionário (art. 21.º/1 da presente lei) – e à própria cessação do contrato, cuja eficácia depende da respetiva comunicação às entidades que procedem ao registo (art. 27.º da mesma lei).

III. O registo é efetuado nos termos estabelecidos por regulamento federativo (n.º 2), devendo ser recusado nas hipóteses descritas no n.º 4 (falta de prova da aptidão médico-desportiva do praticante, bem como de ter sido efetuado o correspondente seguro de acidentes de trabalho) e podendo ser recusado na hipótese de faltar alguma das indicações obrigatórias constantes do n.º 3 do art. 6.º

IV. É dever da entidade empregadora proceder ao registo do contrato de trabalho desportivo, bem como das modificações contratuais poste-

CONTRATO DE TRABALHO DESPORTIVO

riormente acordadas (art. 11.º, al. *a*), da presente lei), presumindo-se que a falta de registo do contrato ou das cláusulas adicionais é da culpa exclusiva da entidade empregadora desportiva, salvo prova em contrário (n.º 5). Como veremos *infra*, em anotação ao art. 11.º, o registo do contrato não se configura, pois, como um mero ónus jurídico a cargo da entidade empregadora desportiva, para que esta possa beneficiar dos serviços do praticante na competição, mas consiste num verdadeira obrigação a cargo desta, cujo incumprimento poderá, inclusive, justificar a resolução do contrato por iniciativa do praticante desportivo, assim impedido de participar na competição desportiva.

Artigo 8.º – Promessa de contrato de trabalho desportivo
É válida a promessa bilateral de contrato de trabalho desportivo se, além dos elementos previstos na lei geral do trabalho, contiver indicação do início e do termo do contrato prometido ou a menção a que se refere a alínea b) do n.º 2 do artigo 9.º

I. No processo genético do contrato de trabalho do praticante desportivo encontra-se, por vezes, um outro contrato: um contrato-promessa, «convenção pela qual alguém se obriga a celebrar certo contrato», como se lê no art. 410.º/1 do CCivil. E pode dizer-se que este contrato-promessa é um negócio jurídico bem conhecido pelo nosso ordenamento, quer civil (o CCivil disciplina-o nos seus arts. 410.º a 413.º), quer laboral (o CT não esquece a promessa de contrato de trabalho, regulando-a no seu art. 103.º).

II. Mais do que um simples «pré-contrato» – designação pela qual é também conhecida, mas que se mostra uma expressão um tanto enganadora, por sugerir que se trataria de um mero preliminar ou preparativo do contrato –, esta promessa de contrato constitui já, em si mesma, um verdadeiro negócio jurídico, um «contrato-promessa de contratar», na fórmula de Antunes Varela. O contrato-promessa tem por objeto, pois, a celebração futura de um outro contrato, o contrato prometido (no nosso caso, o contrato de trabalho desportivo), consistindo a prestação devida em virtude daquele na emissão de uma declaração de vontade destinada a realizar este último.

III. Como se disse, a promessa de contrato de trabalho encontra-se expressamente prevista no CT, cujo art. 103.º/1 prescreve que «a promessa de contrato de trabalho está sujeita a forma escrita e deve conter: a) identificação, assinaturas e domicílio das partes; b) declaração, em termos inequívocos, da vontade de o promitente ou promitentes se obrigarem a celebrar o referido contrato; c) atividade a prestar e correspondente retribuição». E o mesmo se passa no tocante à promessa de contrato de trabalho desportivo, admitida e regulada na presente norma.

IV. Se é legítimo nutrir algumas dúvidas quanto à importância prática da promessa de contrato de trabalho no âmbito da relação laboral comum, tais dúvidas já não têm qualquer razão de ser no que à promessa de contrato de trabalho desportivo diz respeito. Neste domínio, o contrato-promessa é, com efeito, bastante frequente, o que talvez se deva, pelo menos em parte, à sobrevivência de regulamentos federativos algo anacrónicos em matéria de contratação de praticantes desportivos. Na verdade, na maioria dos casos em que recorrem à promessa de contrato de trabalho os seus sujeitos poderiam desde logo concluir um verdadeiro e próprio contrato de trabalho desportivo, apondo a este um termo inicial ou suspensivo (o que é expressamente permitido pela presente lei, cujo art. 6.º distingue, claramente, entre a data de celebração e a data de início de produção de efeitos do contrato de trabalho desportivo). Contudo, atendendo aos peculiares traços deste setor de atividade e às muitas paixões que desperta, a circunstância de um praticante desportivo, durante a vigência do contrato que o liga a uma dada entidade empregadora, celebrar um outro contrato de trabalho com um novo empregador (ainda que diferindo a produção dos efeitos deste último para data posterior à extinção daquele) é algo que está longe de ser aceite pacificamente – quer pelos adeptos, quer pelas próprias federações desportivas, as quais, tradicionalmente, proíbem tais situações ou sujeitam-nas a apertados condicionalismos. Sob este ponto de vista, o recurso ao contrato-promessa em lugar do contrato de trabalho com termo suspensivo revela-se mais suave (dir-se-ia: menos chocante), pois o praticante desportivo não celebra, desde logo, um contrato de trabalho com outrem, limita-se a prometer que o virá a celebrar, o que talvez explique a relativa frequência com que esta modalidade contratual é utilizada no mundo

CONTRATO DE TRABALHO DESPORTIVO

do desporto profissional. De resto, repete-se, para além da inegável distância psicológica que medeia entre a simples promessa de contratar e a imediata celebração de um contrato de trabalho (ainda que com termo suspensivo), as partes poderão recorrer à promessa em ordem a tentar tornear determinadas disposições limitativas, contidas nos pertinentes regulamentos federativos.

V. De todo o modo, cumpre frisar que não vislumbramos arrimo juslaboral para aquele tipo de regras federativas. O praticante desportivo profissional, enquanto sujeito de um contrato de trabalho a termo, compromete-se a prestar a sua atividade desportiva à contraparte por um determinado prazo, e apenas durante esse prazo. O praticante não infringe qualquer dos seus deveres laborais quando estabelece contactos com outrem, tendentes à eventual celebração de um contrato de trabalho cujo início de execução apenas ocorrerá *depois* da caducidade do seu atual contrato. Em certo sentido, pode mesmo dizer-se que esta é uma consequência necessária do aprazamento do contrato de trabalho desportivo: enquanto titular de um contrato a prazo, o praticante não dispõe de um emprego estável, pelo que terá de curar da sua situação profissional *antes* da verificação do termo resolutivo do atual contrato, sob pena de cair no desemprego.

VI. Problema diferente será, entretanto, o de saber se, vindo a ser celebrado esse contrato *for later service,* o praticante desportivo não terá o dever de informar a atual entidade empregadora, dando-lhe conhecimento desse facto. Não nos repugna aceitar a existência de um tal dever de informação a cargo do trabalhador, enquanto expressão do seu dever de lealdade e de boa-fé na execução do contrato, sobretudo nos casos em que a futura entidade empregadora seja uma «concorrente desportiva» da atual, isto é, quando ambas disputem a mesma competição desportiva. Com efeito, a credibilidade e a transparência desta competição poderão ser comprometidas, não tanto pela *celebração* daquele contrato, mas sim pela *ocultação* desse facto, cuja descoberta *a posteriori* é suscetível de alimentar toda a espécie de suspeições, fundadas ou não (para mais num universo, como é o do desporto profissional, hipersensível a estas questões e onde a palavra corrupção se propaga com extrema facilidade).

VII. Como contrato que é, o contrato-promessa é um negócio jurídico bilateral, pressupondo o consenso de duas declarações de vontade contrapostas (proposta-aceitação). Porém, do contrato-promessa tanto poderão resultar obrigações para ambas, como para apenas uma das partes, caso em que estaremos perante uma promessa unilateral, prevista no art. 411.º do CCivil. Esta última hipótese é, aliás, claramente admitida pelo art. 103.º/1 do CT, ao aludir à declaração inequívoca de *o promitente ou promitentes* se obrigarem, pelo que bem poderá dar-se o caso de o contrato-promessa vincular apenas uma das partes (trabalhador ou entidade empregadora) à futura celebração do contrato de trabalho prometido.

VIII. Verificando-se o não cumprimento da promessa, aplicar-se-á o regime geral do contrato de trabalho, ou seja, o regime previsto nos n.ºs 2 e 3 do art. 103.º do CT. Atendendo à natureza pessoal da obrigação assumida, o n.º 3 declara inaplicável à promessa de contrato de trabalho o disposto no art. 830.º do CCivil, isto é, a possibilidade de execução específica da promessa através de sentença que produza os efeitos da declaração negocial do faltoso. É certo que o contrato-promessa tem por objeto um facto jurídico – a celebração do contrato prometido, *in casu*, do contrato de trabalho desportivo –, o que não levantaria especiais dificuldades em matéria de execução específica. Mas as obrigações emergentes do contrato de trabalho prometido, essas sim, seriam, por sua natureza, insuscetíveis de execução forçada (*one can bring a horse to the water, but nobody can make him drink...*), pelo que a insuscetibilidade de execução específica do contrato prometido acaba por comunicar-se ao contrato-promessa.

IX. O n.º 2 do art. 103.º determina, por sua vez, que o incumprimento da promessa dá lugar a responsabilidade nos termos gerais de direito, remetendo para as regras sobre o incumprimento da prestação e a obrigação de indemnização, aqui assumindo particular relevo a possibilidade de constituição de *sinal*, de acordo com o art. 442.º do CCivil. Se tal se verificar, sendo o incumprimento imputável à parte que prestou o sinal, a sanção consistirá na perda deste; sendo o não cumprimento imputável ao outro contraente, haverá lugar à sua restituição em dobro (n.º 2 do art. 442.º). Segundo o mesmo artigo, e na ausência de estipulação em contrário, não há lugar a qualquer outra indemnização pelo não cumprimento do contrato, nos casos de perda do sinal ou de pagamento do dobro deste (n.º 4).

X. A nosso ver, ao regime jurídico da promessa de contrato de trabalho desportivo coloca-se uma interrogação fundamental: *deverá considerar-se admissível, neste domínio, a promessa unilateral?* É verdade que, nos termos acima expostos, a promessa unilateral ou monovinculante é aceite sem contestação, quer pelo art. 411.º do CCivil, quer pelo art. 103.º do CT. Haverá razões para o não ser em sede de contrato de trabalho desportivo? Para responder a esta questão, importa não olvidar um dado essencial: a situação do praticante/promitente é bastante distinta da situação do normal trabalhador/promitente. Com efeito, para este último a vinculação representada pelo contrato-promessa sempre será relativamente pouco significativa: cumprida que seja a promessa, isto é, celebrado que seja o contrato de trabalho, não lhe será difícil pôr fim a uma relação laboral em cuja continuidade não mais esteja interessado, quer denunciando o contrato durante o período experimental, quer, mesmo depois de decorrido este, denunciando-o com o competente aviso prévio. Para o praticante desportivo, pelo contrário, a situação é, ou pode ser, radicalmente distinta: o praticante/promitente vincula-se a celebrar o contrato prometido e, celebrado este, encontrar-se-á vinculado a observar o prazo de duração convencionado (que pode ir até cinco épocas desportivas), em virtude do caráter estabilizador do termo do contrato de trabalho desportivo. Neste sentido, o contrato-promessa representa, para o praticante desportivo, algo de muito mais sério, e potencialmente gravoso, do que representa para o trabalhador comum, justamente porque o grau de liberdade de desvinculação daquele, quando comparado com o deste, é notável e notoriamente reduzido.

XI. Ora, se assim é, pergunta-se: não constituirá missão das leis do trabalho – e, em particular, do regime jurídico do contrato de trabalho desportivo – evitar que a promessa seja, neste caso, monovinculante? Não convirá evitar possíveis situações de vinculação do praticante/trabalhador, desacompanhadas de qualquer espécie de vinculação para o seu eventual empregador? Se a lei permite que o praticante se vincule a celebrar o contrato de trabalho desportivo, não será adequado que essa mesma lei exija reciprocidade, isto é, exija que a outra parte também se comprometa a celebrá-lo? Cremos que sim. E também assim pensa o legislador, visto que, na presente norma, alude expressamente à validade da promessa *bilateral* de contrato de trabalho desportivo. A promessa unilateral de contrato de trabalho desportivo, antes admitida pela Lei n.º 28/98, deixou, pois, de o ser à luz do atual diploma (ao menos quando o promitente vinculado seja o praticante desportivo).

Artigo 9.º – Duração do contrato

1 – O contrato de trabalho desportivo não pode ter duração inferior a uma época desportiva nem superior a cinco épocas.
2 – Sem prejuízo do disposto no número anterior, podem ser celebrados por período inferior a uma época desportiva:
a) Contratos de trabalho celebrados após o início de uma época desportiva para vigorarem até ao fim desta;
b) Contratos de trabalho pelos quais o praticante desportivo seja contratado para participar numa competição ou em determinado número de prestações que constituam uma unidade identificável no âmbito da respetiva modalidade desportiva.
3 – No caso a que se refere a alínea b) do número anterior, não é necessário que do contrato constem os elementos referidos nas alíneas e) e f) do n.º 3 do artigo 6.º
4 – O contrato de trabalho desportivo celebrado com menor não pode ter duração superior a três épocas desportivas.
5 – Considera-se celebrado por uma época desportiva, ou para a época desportiva no decurso da qual for celebrado, o contrato em que falte a indicação do respetivo termo.
6 – Entende-se por época desportiva o período de tempo, nunca superior a 12 meses, durante o qual decorre a atividade desportiva, a fixar para cada modalidade pela respetiva federação dotada de utilidade pública desportiva.
7 – A violação do disposto nos n.ºs 1 e 4 determina a aplicação ao contrato em causa dos prazos mínimos ou máximos admitidos.

I. Se bem que com exceções e desvios cada vez mais significativos, a regra, no que ao contrato de trabalho comum diz respeito, ainda é a de que este deve ser um contrato de duração indeterminada. Mas já no que toca ao contrato de trabalho do praticante desportivo, a regra é a oposta:

a relação laboral desportiva deve ser uma relação a prazo, ao correspondente contrato deve ser aposto um termo final ou resolutivo.

II. O nosso ordenamento jurídico comprova estas afirmações de modo eloquente. Com efeito, tendo em conta a garantia constitucional da segurança no emprego, inscrita no art. 53.º da CRP, o regime laboral comum revela-se bastante restritivo para com os contratos a termo, vistos, a justo título, como instrumentos precarizadores do emprego. Por norma, o contrato de trabalho é um contrato de duração indeterminada, gerador de uma relação laboral estável para o trabalhador. Não sendo um valor absoluto, a estabilidade do trabalho não implica a ilicitude de todo e qualquer contrato a prazo; porém, sendo aquela um valor assaz importante – no nosso ordenamento jurídico a estabilidade no emprego é mesmo um valor estruturante, dada a sua consagração constitucional no elenco dos direitos, liberdades e garantias dos trabalhadores –, tal implica a admissão destes contratos a título excecional, quando, e só quando, certas razões objetivas os justifiquem. À questão dos contratos a termo, a nossa lei geral do trabalho responde, pois, com um «sim, mas...».

III. Em sede de contrato de trabalho desportivo, o panorama que se nos oferece revela-se, porém, marcadamente distinto: *este contrato é um contrato a termo.* Entre nós, esta é mesmo a única categoria contratual admitida na relação laboral do praticante desportivo. Na verdade: *i)* do correspondente documento escrito deverá constar a indicação do termo de vigência do contrato (art. 6.º/3-*f*) da presente lei); *ii)* a falta de redução do contrato a escrito importa a sua invalidade, e não apenas a da cláusula de termo resolutivo (art. 6.º/2); *iii)* a falta de indicação do respetivo termo implica que o contrato se tenha como celebrado por uma época desportiva, ou para a época desportiva no decurso da qual for celebrado (n.º 5 da presente norma); *iv)* a violação dos limites de duração do contrato (mínimo de uma e máximo de cinco épocas desportivas), determina a aplicação ao contrato em causa dos prazos mínimo ou máximo admitidos (n.º 7), não havendo qualquer obstáculo legal à celebração sucessiva e/ou intercalada de contratos de trabalho desportivo a termo entre os mesmos sujeitos... Ou seja, e em lugar do «sim, mas...» do regime comum, a lei responde aqui com um «sim, sempre!» à questão dos contratos a termo.

IV. Se assim é, a questão a que importa tentar responder é esta: *porquê um contrato a termo?* Olhado com justificada desconfiança pela lei geral do trabalho, o contrato a prazo reina, incontestado e sem rival, na relação laboral desportiva. Haverá razões válidas para semelhante reinado? A configuração do contrato de trabalho desportivo como um contrato a termo tem sido justificada, não raro, pela própria natureza da profissão em causa. Trata-se, com efeito, de uma profissão de desgaste rápido, que requer um apuro físico e uma condição atlética apenas compatíveis com a juventude (a prática desportiva profissional, como é sabido, poderá iniciar-se pouco antes dos 18-20 anos e raramente irá muito além dos 30 anos de idade). As particulares exigências da competição desportiva profissional implicam que o praticante tenha de abandonar esta atividade laboral ainda relativamente jovem e com um largo período de vida ativa pela frente. Ou seja, a própria profissão de praticante desportivo é, em certo sentido, efémera, transitória, o que já de si explicaria o caráter temporário do correspondente contrato de trabalho. Que dizer?

V. Trata-se, sem dúvida, de um argumento com algum peso explicativo, mas, a nosso ver, longe de ser decisivo. Com efeito, o facto de esta ser uma profissão de curta duração, se comparada com a generalidade das atividades profissionais, não implica que ela não possa ser exercida com base em contratos de trabalho de duração indeterminada, vocacionados para perdurar no tempo. É certo que, pelo menos num sistema como o nosso, em que são proibidos os despedimentos sem justa causa (entendida esta como um comportamento censurável, infracional, por parte do trabalhador/praticante desportivo), a figura do contrato de duração indeterminada poderia revelar-se irrazoavelmente rígida, dificultando a desvinculação contratual por iniciativa do empregador relativamente a um praticante *finito,* cuja veterania não se fique pelo cartão de cidadão. Mas nem este obstáculo se afigura insuperável: bastaria, porventura, adaptar ao contrato de trabalho desportivo a solução que o nosso legislador encontrou para este problema no domínio da relação laboral comum. Na verdade, este não é um problema específico da relação laboral do praticante desportivo. É, tão-só, um problema que aqui surge bastante mais cedo do que sucede na relação laboral comum. Nesta última, que tipo de solução legal vigora?

CONTRATO DE TRABALHO DESPORTIVO

VI. Como se sabe, por força do disposto no art. 343.º/*c*) do CT, a reforma do trabalhador por velhice determina a caducidade do respetivo contrato de trabalho. Contudo, o simples atingir da idade legal da reforma não implica, em face da lei, qualquer passagem automática ou compulsiva à reforma, pois, ainda que estejam reunidos os respetivos pressupostos, esta só se verifica se e quando o trabalhador quiser. Carecendo a reforma de ser requerida pelo trabalhador, *quid juris* se este a não requer? Segundo o art. 348.º/3 do CT, o trabalhador que atinja os 70 anos de idade sem se reformar verá o seu contrato convertido, *ope legis,* num contrato a termo. Assim sendo, a interrogação afigura-se legítima: por que não estabelecer um sistema semelhante àquele para o contrato de trabalho desportivo, fixando como idade-limite, por exemplo, os 30 ou os 35 anos? Se assim fosse, até essa idade o praticante desportivo seria titular de um normal contrato de duração indeterminada; atingidos os 30 ou os 35 anos, o contrato passaria a ser considerado um contrato a prazo, com a duração, por hipótese, de uma época desportiva e sendo renovável por períodos iguais e sucessivos. Deste modo, atingir-se-ia uma aparentemente razoável plataforma de compromisso entre os interesses do praticante (estabilidade da correspondente relação laboral desportiva) e os interesses da entidade empregadora (faculdade de desvinculação relativamente a um praticante afetado pelas inexoráveis leis da vida).

VII. O argumento da «caducidade física» do praticante não basta, portanto, para justificar a generalizada modelação do contrato de trabalho desportivo como um contrato de duração determinada. E igual juízo de insuficiência merece o argumento baseado nas condições de exercício da atividade desportiva, na sua natureza como que sazonal – isto é, na circunstância de esta atividade obedecer a um ritmo anual (o ritmo da «época desportiva), facto que justificaria o caráter temporário do contrato dos respetivos praticantes. Com efeito, se assim fosse este contrato haveria de moldar-se ao ritmo por que se pauta a atividade desportiva, deveria aderir ao ciclo anual desta. Ora, como é sabido, não é isso o que se passa, sendo mesmo cada vez mais frequentes no universo jurídico-desportivo os contratos de trabalho plurianuais. Hoje por hoje, a lógica prevalecente é a do médio/longo termo, quer ao nível da gestão das empresas desportivas, quer ao nível da contratação dos praticantes desportivos.

A época desportiva revela-se um período de referência demasiado curto para estes efeitos, não servindo, por conseguinte, para explicar/legitimar o aprazamento do contrato de trabalho desportivo.

VIII. Acontece que a situação apresenta aqui contornos de tal modo paradoxais que boa parte da doutrina não hesita em considerar que a opção pela figura do contrato a termo representa uma verdadeira e própria medida de proteção dos praticantes desportivos, quando não uma «conquista social» por estes obtida. Com efeito, a tradição neste domínio consiste (ou consistia) no estabelecimento, por via de regulamento federativo e/ou de acordos entre os clubes, de mecanismos fortemente limitativos da liberdade de trabalho do praticante desportivo: este, vinculado que estivesse a um clube, não mais poderia libertar-se desse compromisso, transferindo-se para outro clube, sem o consentimento daquele; mecanismos jurídico-desportivos como o *vincolo* italiano, o *derecho de retención* espanhol, o *retain system* britânico, o *reserve system* norte-americano, o *passe* brasileiro... todos, independentemente da sua concreta configuração, conferiam a este contrato um caráter leonino. O clube/empregador detinha todos os direitos sobre o praticante, este não podia melhorar as suas condições contratuais negociando com outros potenciais interessados, visto que só se, quando e nas condições que o seu empregador desejasse ele poderia mudar de clube, isto é, transferir-se. Existia, em síntese, como que uma "estabilidade às avessas", operando em benefício do clube/empregador e em detrimento do praticante/trabalhador.

IX. Perante semelhante quadro, considerado incompatível com princípios juslaborais básicos, configurar o contrato de trabalho desportivo como um contrato a termo não deixaria de se revelar proveitoso para o praticante: sendo este um contrato a prazo, isso significa que ele deverá extinguir-se expirado que seja esse prazo, o que, em princípio, implicaria a desvinculação do praticante relativamente à sua anterior entidade empregadora, a recuperação da sua liberdade contratual e a possibilidade de prosseguir a sua atividade profissional ao serviço de outro empregador, eventualmente ao abrigo de condições contratuais mais vantajosas. Em suma, ao *contrat à vie* substituía-se o *contrat à temps*, modificando a correlação de forças entre as partes – *rectius,* acabando com o poder absoluto do clube/empregador sobre o praticante/trabalhador e fazendo com que este deixe de ser uma mera *res in patrimonio* daquele – e permitindo o ajustamento das condições contratuais à cotação do praticante no mercado de trabalho desportivo.

X. O *iter* histórico da relação jurídico-laboral do praticante desportivo explica, por conseguinte, que o contrato a termo seja por alguns visto como uma conquista social deste último. Em certo contexto, ele surge, na verdade, como um instrumento de libertação face a formas de servidão contratual não mais sustentáveis, traduzindo-se em um meio de realização da liberdade de trabalho do praticante. O certo, porém, é que a referida explicação se mostra tão parcial como superficial, não resistindo a uma análise mais detida. Sejamos claros: na ótica da liberdade de trabalho do praticante e da sua valorização profissional, a modalidade contratual preferível seria a tradicional, a dominante no nosso sistema jurídico – ou seja, o contrato de trabalho de duração indeterminada, livremente dissolúvel por vontade do trabalhador. Se assim fosse, como é para a generalidade dos trabalhadores, o praticante gozaria de maior estabilidade no emprego e de acrescida liberdade de trabalho, podendo assim capitalizar em seu proveito, a todo o momento, a sua eventual valorização no mercado de trabalho.

XI. Se o contrato de trabalho desportivo é um contrato a termo, tal não se deve, portanto, a qualquer necessidade de reforçar a proteção dos interesses dos praticantes desportivos. Seguramente, não é a tutela do trabalhador que se visa com a opção, nesta sede, pelo contrato a prazo. Com efeito, pode dizer-se que aquilo que o desportista deseja (como, afinal, todos nós) é, a um tempo, segurança e liberdade: o praticante desportivo deseja a segurança como forma de garantir e fazer perdurar, tanto quanto possível, a sua carreira profissional e os respetivos proventos; o praticante desportivo necessita de liberdade a fim de poder beneficiar de melhores condições contratuais que eventualmente lhe sejam oferecidas por outras potenciais entidades empregadoras. Ora, como é bom de ver, tanto a segurança como a liberdade do praticante são objeto de um relativo sacrifício quando ao contrato de trabalho desportivo é aposto um termo *resolutivo* e *estabilizador* – porque o termo é resolutivo, o emprego não é estável, porque o termo é estabilizador, a mudança não é livre.

XII. Assim sendo, a referida opção pelo contrato a prazo justificar-se-á, quando muito, como mecanismo de proteção do desporto, da própria competição desportiva profissional e, porventura, das entidades empregadoras (ou, pelo menos, de algumas delas). Com efeito, o termo necessariamente aposto ao contrato desempenha aqui uma importantíssima *função estabilizadora*, isto é, enclausura os sujeitos contratantes numa espécie de «golilha jurídica», assegurando a estabilização da relação contratual durante o período temporal convencionado. *Concebe-se o contrato de trabalho desportivo como um contrato a termo, e não como um normal contrato de duração indeterminada, em ordem a proporcionar ao empregador a vinculação do praticante durante um certo período de tempo (bem como, naturalmente, em ordem a facilitar-lhe a desvinculação após um certo período de tempo). E porquê?* Acima de tudo, porque se entende que conferir ao praticante desportivo a faculdade de romper o contrato de trabalho, *ad nutum* e a todo o momento – faculdade esta inerente a qualquer vínculo contratual laboral de duração indeterminada –, desembocaria numa "guerra sem quartel" entre os clubes/empregadores, numa concorrência desenfreada entre estes (movida, sobretudo, pelos clubes mais poderosos àqueles que o são menos), numa espécie de *player-raiding* contínuo que seria extremamente nefasto para a regularidade e o bom andamento das competições e, em última análise, para o sucesso da indústria do desporto profissional: acelerar-se-ia o processo de concentração dos melhores praticantes nas equipas de maiores recursos financeiros, com o consequente aumento do desequilíbrio competitivo, desincentivar-se-ia o trabalho de formação de jovens desportistas, etc.

XIII. *A figura do termo estabilizador impõe-se, assim, enquanto expediente destinado a restringir a concorrência entre os clubes/empregadores no domínio da contratação de praticantes, enquanto forma de disciplinar e ordenar (dir-se-ia: de apaziguar) o mercado de trabalho desportivo, evitando uma situação de concorrência permanente, sem tréguas, neste setor de atividade.* Destarte, o contrato a termo serve, sobretudo, para estabelecer uma obrigação a cargo do praticante/trabalhador: a de cumprir o contrato por todo o tempo acordado, a de se sujeitar ao período estipulado, a de respeitar o prazo convencionado, na linha do conhecido princípio *pacta sunt servanda*. Não estamos, pois, perante um tipo contratual escolhido e pensado em ordem a garantir a liberdade do praticante. Bem pelo contrário, do que verdadeiramente se trata é de instituir uma contrapartida para a liberdade deste, de *oferecer a temporalidade do contrato como moeda de troca legitimadora da limitação da liberdade de demissão do praticante desportivo*. O praticante não é livre para dissolver o contrato *medio tempore*, nega-se-lhe o direito de livre desvinculação, ou seja, e parafraseando Jorge Leite, através do contrato a termo como que se hipoteca a sua liberdade presente em troca de uma garantia de liberdade futura.

XIV. Esta hipoteca da liberdade presente do praticante mostra-se também conveniente enquanto forma de garantir aos clubes-empregadores condições adequadas para a elaboração de projetos desportivos de médio/longo prazo. Nos desportos coletivos, os clubes procuram, muitas vezes, construir uma equipa em torno de uma espinha-dorsal formada por praticantes contratados por um período determinado e relativamente dilatado. A continuidade desses praticantes no seio da equipa permite cimentar o espírito de grupo, facilita a identificação dos adeptos com aquela, propicia aos seus vários elementos um perfeito conhecimento das características dos respetivos companheiros, possibilita elevados índices de entrosamento e afinamento do conjunto, etc. Ora, é óbvio que esta ideia de «projeto desportivo» cairia pela base caso ao praticante fosse reconhecido um direito de livre desvinculação em termos análogos aos que vigoram para o trabalhador comum.

XV. *Instrumento estabilizador da relação, o contrato a termo perfila-se aqui, por conseguinte, como uma técnica restritiva da concorrência no mercado de trabalho, ditada pela necessidade de tutelar a própria competição desportiva e os fins do ordenamento desportivo*. Do mesmo passo, porém, ao tornar ilícita a denúncia antecipada do contrato, restringindo a liberdade de desvinculação do praticante/trabalhador, um tal contrato a termo põe em xeque a liberdade de trabalho e a própria liberdade pessoal deste último, sobretudo quando o contrato é celebrado por um prazo dilatado. Coloca-se, por isso, a questão: justificar-se-á a instituição, por via de lei, de um limite máximo para a duração do contrato de trabalho desportivo? Esse limite tem existido no nosso país. O DL 305/95 fixou-o em quatro épocas desportivas, mas a Lei n.º 28/98, impulsionada pelo acórdão *Bosman*, veio a elevá-lo substancialmente, permitindo a celebração de um contrato de trabalho desportivo com a duração máxima de oito épocas.

XVI. O problema pode equacionar-se do seguinte modo: se não houver limite máximo de duração para o contrato de trabalho desportivo – ou se esse limite for muito dilatado –, então um único contrato poderá abarcar toda, ou quase toda, a vida profissional do praticante desportivo (que é, como se sabe, bastante curta); semelhante contrato a termo equivaleria, afinal, a uma espécie de "cessão perpétua de serviços", com o consequente sacrifício da liberdade, pessoal e de trabalho, do praticante desportivo. Em contraponto ao que acaba de dizer-se, alega-se, por vezes, que a questão da duração do contrato de trabalho desportivo deverá ser abandonada à autonomia negocial dos sujeitos. Nesta perspetiva, saber se o contrato vigora por um, cinco ou dez anos é algo que apenas às partes caberá determinar, de acordo com a avaliação que façam dos respetivos interesses, designadamente no que ao binómio risco/segurança diz respeito: em princípio, um contrato de longa duração garantirá ao empregador a disponibilidade dos serviços do praticante por todo esse período, mas ser-lhe-á prejudicial caso a prestação desportiva deste se venha a revelar insatisfatória; também para o praticante, um contrato de longa duração garantir-lhe-á maior estabilidade profissional, mas revelar-se-á nocivo caso as suas *performances* sejam de molde a aumentar a sua cotação no mercado.

XVII. Tudo visto e ponderado, afigura-se aconselhável fixar um prazo máximo de duração para o contrato de trabalho desportivo. E, diga-se, um prazo razoável! Fixar esse prazo em oito épocas desportivas, como fazia a nossa anterior lei, quando a prática desportiva profissional de um atleta rondará, em média, os 10-15 anos, significa permitir que aproximadamente $2/3$ da vida profissional desse praticante sejam cobertos por um único contrato de trabalho «a termo». Era demasiado, ainda que se pudesse invocar em seu abono que semelhante dilatação do prazo teria sido ditada pela necessidade de proteger os clubes/empregadores portu-

CONTRATO DE TRABALHO DESPORTIVO

gueses, face à concorrência sem restrições que lhes passou a ser movida pelos seus parceiros europeus na sequência do acórdão *Bosman*.

XVIII. A presente lei inova nesta matéria, fixando o limite máximo de duração do contrato de trabalho desportivo em cinco épocas (n.º 1), limite que se reduz para três épocas no caso de o praticante desportivo ainda ser menor (n.º 4). Estas são, cremos, soluções equilibradas, que balizam em moldes razoáveis o horizonte temporal de vinculação contratual do praticante desportivo. É claro que, celebrado que seja um contrato com a duração de cinco épocas desportivas, nada impede as partes de, no final da segunda época de vigência do mesmo, por exemplo, prorrogarem o contrato por mais duas épocas. Assim como nada impede que, tendo um praticante desportivo menor celebrado um contrato por três épocas, esse contrato venha a ser prorrogado, quando o praticante atinge a maioridade, em termos de o vincular por um período máximo de cinco épocas desportivas. A relação laboral desportiva tem por base, muitas vezes, uma negociação e renegociação permanente do contrato que a suporta (o que, aliás, é assumido pelo próprio legislador, desde logo no art. 7.º, n.º 3, deste diploma). Dentro das balizas temporais traçadas pelo legislador, tudo é permitido às partes, contanto, é claro, que a declaração de vontade de ambas não seja viciada (através de coação, por exemplo) nem haja lugar a fenómenos de assédio em ordem a obter a anuência da contraparte.

XIX. Se quanto aos prazos máximos de duração não existem exceções, já quanto ao prazo mínimo a lei permite a celebração de contratos por período inferior a uma época desportiva, em duas situações: *i)* tratando-se de contratos de trabalho celebrados após o início de uma época desportiva e para vigorarem até ao fim desta (art. 9.º/2-*a*); *ii)* tratando-se de contratos de trabalho pelos quais o praticante seja contratado para participar numa competição ou em determinado número de prestações que constituam uma unidade identificável no âmbito da respetiva modalidade desportiva (art. 9.º/2-*b*). Nesta última hipótese, a lei acaba por dar inequívoca guarida, em certos casos, à figura do termo incerto (*certus an, incertus quando*) neste âmbito. Pense-se, p. ex., no caso de um futebolista contratado para participar apenas nos jogos da Taça de Portugal ou nas provas europeias de clubes: em tais situações, o momento da verificação do termo é desconhecido aquando da celebração do contrato, encontrando-se dependente dos resultados desportivos a alcançar (eliminação do clube ou, pelo contrário, acesso à fase seguinte da competição), pelo que o contrato ficará então sujeito a um termo resolutivo incerto. O mesmo se diga, para dar outro exemplo, em uma modalidade como o basquetebol, cujo campeonato se dispute em sistema de *playoff*. O praticante poderá então ser contratado para participar nesse campeonato e, também aqui, o momento exato do *terminus* do contrato é desconhecido quando as partes o celebram (variará em função do apuramento ou não da equipa para os *playoffs*, do seu acesso ou não à final, etc.).

Artigo 10.º – Período experimental

1 – A existência de período experimental depende de estipulação expressa das partes.

2 – A duração do período experimental não pode exceder 15 dias, em caso de contrato de duração não superior a duas épocas desportivas, ou 30 dias, em caso de contrato de duração superior a duas épocas, considerando-se reduzida ao período máximo aplicável em caso de estipulação superior.

3 – O período experimental deixa de ser invocável pela entidade empregadora desportiva, para efeitos do disposto na alínea e) do n.º 1 do artigo 23.º, quando se verifique uma das seguintes situações:

a) Quando o praticante participe, pela primeira vez, em competição ao serviço de entidade empregadora desportiva, nas modalidades em cuja regulamentação tal participação impeça ou limite a participação do praticante ao serviço de outra entidade empregadora desportiva na mesma época ou na mesma competição;

b) Quando o praticante desportivo sofra lesão desportiva que o impeça de praticar a modalidade para que foi contratado e que se prolongue para além do período experimental;

c) Quando termine o prazo para inscrição na respetiva federação desportiva.

I. O período experimental, ou período de prova, «corresponde ao tempo inicial de execução do contrato de trabalho, durante o qual as partes apreciam o interesse na sua manutenção», conforme dispõe o art. 111.º/1 do CT. Trata-se, com efeito, da primeira fase do ciclo vital do contrato de trabalho, fase em que o vínculo jurídico-laboral revela ainda uma grande fragilidade, apresentando escassa consistência e sendo facilmente dissolúvel por qualquer das partes. O período de experiência consiste, na verdade, numa figura cautelar, numa "medida de precaução ou de prudência", que "permite a certificação *a posteriori* daquilo que não é possível certificar *a priori*" (Jorge Leite), possibilitando uma certificação mútua: o empregador certifica-se de que o trabalhador possui as aptidões laborais requeridas, o trabalhador certifica-se de que as condições de realização da sua atividade profissional são as esperadas.

II. Compreende-se, por isso, que, durante o período experimental, qualquer das partes possa denunciar o contrato sem aviso prévio e sem necessidade de invocação de justa causa, não havendo lugar a qualquer indemnização – é esse o regime geral do contrato de trabalho (art. 114.º do CT) e é também esse o regime do contrato de trabalho do praticante desportivo, conforme resulta do disposto no art. 23.º/1-*e)* da presente lei.

III. A primeira grande questão suscitada pelo período de prova em sede de contrato de trabalho desportivo é, precisamente, a respeitante à sua própria *admissibilidade*. Com efeito, a dúvida parece legítima: neste tão peculiar setor de atividade, em que a prestação laboral é efetuada perante o público e é, muitas vezes, objeto de ampla cobertura mediática, terá sentido estabelecer-se um período experimental? Haverá algo a certificar *a posteriori* que não possa ser certificado *a priori*? Deve dizer-se que não faltam respostas negativas a esta pergunta. Invoca-se, designadamente, que o mercado de trabalho do desporto profissional é integrado por um número relativamente reduzido de praticantes desportivos, possibilitando um conhecimento quase exaustivo das respetivas aptidões físico-técnicas por parte das entidades empregadoras. Alega-se que estas últimas dispõem, com frequência, de um quadro de colaboradores (os chamados «olheiros» ou, como agora se diz, técnicos de *scouting*) cuja principal missão consiste, justamente, na deteção, acompanhamento e seleção de praticantes a contratar, pelo que a avaliação das aptidões destes é feita antes, e não depois, da celebração do contrato de trabalho – é, de resto relativamente usual, neste setor, que o praticante desportivo se integre durante algum tempo nos quadros de uma potencial entidade empregadora, participando nos treinos e em provas não oficiais, antes de celebrar o contrato e sem garantia, para qualquer das partes, de que tal contrato venha efetivamente a ser celebrado (o praticante encontra-se então «à experiência», no jargão desportivo). Além disso, tendo em conta as elevadas verbas não raro envolvidas na contratação dos praticantes desportivos, natural será que a intenção das partes (*maxime* do empregador) seja a de estabelecer uma vinculação firme com o praticante, intenção esta dificilmente compaginável com a ampla faculdade de denúncia do contrato que corresponde ao período experimental.

IV. Por todas estas razões, sustenta-se, por vezes, que o período de prova é um instituto desprovido de sentido no âmbito do contrato de trabalho desportivo, ou, pelo menos, que ele apenas deveria ser admitido em caso de expressa estipulação contratual das partes nesse sentido. Ora, a nossa lei, se rejeita decididamente aquela tese, aceita agora esta última. Dispõe, com efeito, o n.º 1 do presente artigo que «a existência de período experimental depende de estipulação expressa das partes». Esta norma consagra a regra segundo a qual neste domínio não existirá, em princípio, período experimental. Ao contrário do prescrito no CT, o período de experiência não resulta aqui da lei, não encontra nesta a sua fonte, antes terá de ser expressamente estipulado pelas partes, através da inserção no contrato da chamada «cláusula de experiência» (recorde-se, a este propósito, o disposto no art. 6.º, n.º 3-*g*) da presente lei). Dito de outra forma, o período experimental é encarado como um elemento *acidental,* e não como um elemento *natural,* do contrato de trabalho desportivo.

V. A questão do período de prova assume aqui uma importância muito particular, pois, não o esqueçamos, qualquer das partes poderá denunciar o contrato de trabalho desportivo durante esse período, ao abrigo do disposto no art. 23.º/1-*e*) da lei. E deve ainda notar-se que, sobretudo se encarado sob o prisma do trabalhador, nesta sede o período experimental reveste-se de um alcance bem distinto do possuído à luz do regime jurídico-laboral geral: na verdade, para o trabalhador comum o período experimental não é algo de particularmente transcendente, visto que, mesmo depois de decorrido tal período, o trabalhador permanece livre para denunciar o contrato (apenas com a diferença de ter de pré-avisar o empregador); já para o praticante desportivo a situação apresenta toda uma outra coloração, pois ele só é livre de o denunciar durante o período experimental, dado o caráter estabilizador imprimido pela lei ao termo resolutivo necessariamente aposto ao seu contrato de trabalho.

VI. Neste quadro de interesses contrapostos, cremos que a solução vertida no n.º 1 deste artigo se mostra a mais equilibrada. Isto pelas razões seguintes:

i) Constitui afirmação pacífica, entre nós, a de que o período experimental é mais necessário nos contratos de trabalho de duração indeterminada do que nos contratos a termo – ora, como sabemos, o contrato de trabalho desportivo é um contrato a prazo...

ii) Estabelecer o princípio da inexistência de período de prova no contrato de trabalho desportivo, admitindo, contudo, a sua expressa previsão contratual («cláusula de experiência»), parece mostrar-se mais aderente aos interesses em jogo, pois assim as partes, elas mesmas, como que modularão o grau de vinculação contratual desejado – vinculação forte (isto é, sem período experimental) como regra, vinculação mais fraca (isto é, com período experimental) se assim o entenderem, e só se assim o entenderem e declararem;

iii) Acima de tudo, um tal sistema teria a vantagem de evitar algumas surpresas, tão desagradáveis como escusadas, para a entidade empregadora desportiva; assim, suponhamos que o clube x contrata o praticante y, para tanto pagando uma avultada soma ao clube z, anterior empregador de y; poucos dias após, ainda durante o período de experiência, y denuncia o contrato de trabalho celebrado com x. *Quid iuris?* É certo que *ignorantia legis non escusat,* mas não o é menos que o sistema ganha em transparência se o período experimental brotar, não da lei, mas da vontade expressamente manifestada pelos sujeitos.

VII. Seja, porém, como for, o certo é que poderá existir período experimental no contrato de trabalho desportivo. Em tal caso, importa, acima de tudo, vincar o carácter *bilateral* da experiência. Com efeito, durante esse período não é só o praticante desportivo que está à experiência. Esta é uma via com dois sentidos: ao «período de experiência do trabalhador pelo patrão» junta-se o «período de experiência do patrão em favor do trabalhador», para usarmos as clássicas fórmulas de Raúl Ventura. Sem dúvida que, na prática e no âmbito da relação laboral comum, este instituto aproveita quase em exclusivo ao empregador, visto que apenas este, e não já o trabalhador, é afetado por consideráveis restrições no tocante à sua liberdade de desvinculação contratual, decorrido que seja o período de prova. Deste modo, o período experimental assume-se aí como uma instituição limitadora do risco empresarial, surgindo primacialmente em homenagem à parte patronal e como mecanismo de salvaguarda dos seus interesses. Pelo contrário, num contrato de trabalho como o do praticante desportivo, sujeito a um termo estabilizador, aí sim a bilateralidade da experiência ganha pleno significado, perfilando-se então esta como uma instituição limitadora, não só do *risco empresarial*, mas também, dir-se-ia, do *risco laboral*.

VIII. É esta bilateralidade da experiência que explica o regime estabelecido pelo n.º 3 deste preceito, segundo o qual o período experimental deixa de ser invocável pela entidade empregadora desportiva, para efeitos de livre denúncia do contrato de trabalho, verificando-se alguma das seguintes situações: *i)* quando o praticante participe, pela primeira vez, em competição ao serviço de entidade empregadora desportiva, nas modalidades em cuja regulamentação tal participação impeça ou limite a participação do praticante ao serviço de outra entidade empregadora desportiva na mesma época ou na mesma competição; *ii)* quando o praticante desportivo sofra lesão desportiva que o impeça de praticar a modalidade para que foi contratado e que se prolongue para além do período experimental; *iii)* quando termine o prazo para inscrição na respetiva federação desportiva.

IX. Estamos aqui, sem dúvida, perante normas animadas pelo propósito de tutelar a posição do praticante desportivo, procurando evitar que a entidade empregadora dissolva o contrato e gere situações potencialmente delicadas, e mesmo gravosas, para este último. Inspirado por uma conceção bilateral da experiência, a solução legal é agora, não a de fazer cessar automaticamente a experiência (como se previa no art. 11.º da Lei n.º 28/98), mas sim a de estabelecer a insuscetibilidade de a entidade empregadora lançar mão do art. 23.º/1-*e*) da lei, verificando-se alguma das hipóteses previstas no n.º 3 do seu art. 10.º. Compreende-se – e aplaude-se – que o legislador proteja o praticante desportivo nestes casos, impedindo a entidade empregadora de denunciar o contrato em tais situações. Mas a verificação de alguma daquelas circunstâncias em nada inibe o próprio praticante de se desvincular, caso a experiência não se mostre, a seus olhos, satisfatória.

X. Cabe às partes definir a duração do período experimental, contanto que respeitem os limites máximos previstos na lei: máximo de 15 dias, para contratos de duração não superior a duas épocas desportivas; máximo de 30 dias, para contratos de duração superior a duas épocas. Se for estipulado um período superior ao legalmente admitido, este considera-se reduzido ao período máximo aplicável (n.º 2).

CAPÍTULO III – Direitos, deveres e garantias das partes

Artigo 11.º – Deveres da entidade empregadora desportiva

Para além dos previstos em instrumento de regulamentação coletiva, são deveres da entidade empregadora desportiva, em especial:

a) Proceder ao registo do contrato de trabalho desportivo, bem como das modificações contratuais posteriormente acordadas, nos termos do artigo 7.º;

b) Proporcionar aos praticantes desportivos as condições necessárias à participação desportiva, bem como a participação efetiva nos treinos e outras atividades preparatórias ou instrumentais da competição desportiva;

c) Submeter os praticantes aos exames e tratamentos clínicos necessários à prática da atividade desportiva;

d) Permitir que os praticantes, em conformidade com o previsto nos regulamentos federativos, participem nos trabalhos de preparação e integrem as seleções ou representações nacionais;

e) Proporcionar aos praticantes desportivos menores as condições necessárias à conclusão da escolaridade obrigatória;

f) Promover o respeito pelas regras da ética desportiva no desenvolvimento da atividade desportiva.

I. O *registo* do contrato de trabalho desportivo, em ordem a que o praticante possa participar na competição desportiva, nos termos do art. 7.º, não se traduz num mero ónus jurídico para a entidade empregadora, isto é, num comportamento que esta carece de adotar para obter determinada vantagem, para realizar um interesse próprio, seu – *in casu*, a vantagem de poder contar com os serviços do praticante na disputa da competição. É claro que, para poder utilizar os serviços do praticante na competição, a entidade empregadora desportiva precisa de registar o contrato de trabalho na correspondente federação desportiva. Mas o registo é mais do que isso: é um dever jurídico a cargo da entidade empregadora, a que corresponde um direito do praticante a que esse registo seja efetuado (al. *a*) do presente artigo). Com efeito, o registo é da maior importância no plano dos interesses profissionais do praticante desportivo, pois só com o registo ele poderá participar na competição, sendo que a participação na competição constitui, decerto, o objetivo fundamental do praticante ao longo da execução do respetivo contrato de trabalho desportivo.

II. No que diz respeito à al. *b*) do presente artigo, e se é indiscutível que qualquer trabalhador pode ter sérios interesses, de ordem material e/ou moral, no efetivo exercício da sua atividade profissional, é outrossim indesmentível que tais interesses são particularmente ostensivos quando esse trabalhador é um praticante desportivo. Uma situação de inatividade prolongada mostra-se aqui, numa *profissão concentrada* (isto é, de curta duração e de forte intensidade) como esta, especialmente lesiva do trabalhador. A prática desportiva profissional dos nossos dias requer um elevado apuro físico, um «estar em forma» só alcançável através de constantes (e, por vezes, quase desumanas) doses de preparação e treino, ministradas por técnicos sabedores e qualificados. Mais: o praticante desportivo precisa de se exibir, necessita de competir, sob pena de cair no esquecimento e/ou de ver desvalorizada a sua cotação no respetivo mercado de trabalho. O praticante é o principal intérprete de um espetáculo, o espetáculo desportivo, que é alimentado pelo público – e o público, esse, ama quem vê. «Longe da vista, longe do coração», eis um provérbio que aqui se mostra pertinente e, o que é pior, facilmente convertível em «longe da vista, baixa de cotação»...

III. Mais do que o vulgar trabalhador, o praticante desportivo carece, pois, de exercer a sua atividade profissional: precisa de treinar e de competir, necessita de se preparar e de exibir os seus dotes. Na ótica do praticante desportivo, esta é mesmo uma dupla quase inseparável: competir sem treinar é pouco menos que impensável, treinar sem competir é frustrante e mesmo algo atrofiante. Com efeito, o treino desportivo, por mais intenso e qualificado que seja, nunca consegue substituir a competição no que toca ao desenvolvimento das aptidões profissionais do praticante. Treinar não é competir e o praticante afastado da competição durante algum tempo, ainda que entretanto tenha treinado com afinco, normalmente acusará falta de ritmo quando chamado de novo a competir. Esta circunstância, ao que se crê pacificamente reconhecida pelos especialistas e conhecida de todos quantos acompanham o fenómeno desportivo, demonstra que o treino, por si só, não basta para apurar todas as qualidades do praticante – este, privado de participar na competição, não evolui qualitativamente como poderia e deveria.

IV. Neste contexto, que resposta dá a presente lei à questão da ocupação efetiva do praticante desportivo? A al. *b)* deste artigo inclui entre os deveres da entidade empregadora desportiva o de «proporcionar aos praticantes desportivos as condições necessárias à participação desportiva, bem como a participação efetiva nos treinos e outras atividades preparatórias ou instrumentais da competição desportiva». Quer isto dizer que o legislador, em homenagem aos especiais interesses do praticante, acima mencionados, consagra aqui, *expressis verbis,* um dever de ocupação efetiva a cargo do empregador? Será o praticante desportivo titular de um autêntico direito de exercício da sua atividade profissional? Não parece que assim seja. Com efeito, é certo que o preceito em análise alude à «participação efetiva» do praticante. Mas, repare-se, participação efetiva em quê? «Nos treinos e outras atividades preparatórias ou instrumentais da competição desportiva», remata a referida disposição. Com o que, de certo modo, esta norma afirma e desmente, em simultâneo, a existência de um dever de ocupação efetiva em sede de contrato de trabalho do praticante desportivo. Por um lado, dir-se-ia, ela *consagra* o dever de ocupação efetiva, na medida em que torna claro que à entidade empregadora desportiva não é lícito cingir-se ao pagamento, ainda que pontual, da retribuição devida ao praticante. Este não poderá ser impedido de participar nos treinos e nas outras atividades preparatórias ou instrumentais da competição, circunstância que, como se disse, assume particular importância no desenvolvimento da vida profissional de qualquer praticante desportivo. Mas, por outro lado, o referido preceito legal também *rejeita* o dever de ocupação efetiva, na medida em que este abrange apenas o ciclo pré-competitivo da prática desportiva, não se estendendo à competição propriamente dita. Na verdade, a lei é clara ao prescrever que ao praticante desportivo deverá ser viabilizada a participação efetiva nos treinos e nas outras atividades preparatórias ou instrumentais da competição desportiva, mas não já nesta última.

V. Em suma, *o praticante desportivo não goza do direito de participar na competição desportiva.* Isto é assim e, diga-se em abono da verdade, não parece que possa deixar de o ser: a competição desportiva tem regras que limitam o número dos respetivos praticantes, de modo fixo (11 no futebol, 5 no basquetebol, 7 no andebol...) ou variável (por exemplo, 8, 9 ou 10 ciclistas por equipa, aquando da disputa das grandes competições velocipédicas nacionais e internacionais); os clubes que disputam tais competições necessitam de possuir um quadro relativamente alargado de praticantes (20-30 no futebol, 12-15 no basquetebol, etc.) que permita dar resposta adequada às numerosas vicissitudes ligadas à prática desportiva (lesões, sanções, quebras de forma, etc.), pelo que, inevitavelmente, nem todos os praticantes desportivos poderão tomar parte na competição (alguns poderão mesmo nunca o fazer ao longo de toda uma época desportiva). O praticante desportivo só participará na competição, por conseguinte, *se e quando* a entidade empregadora, através dos competentes técnicos ou treinadores, o determinar. Ou seja, e em termos muito simples, *o praticante tem o direito de treinar mas não o de jogar, tem o direito de se preparar mas não o de competir, tem o direito de ser adestrado, mas não o de ser utilizado.*

VI. Sucede, porém, que, como já se disse, o treino, sendo indispensável, é manifestamente insuficiente. A atividade desportiva que o praticante se compromete a prestar quando celebra o contrato de trabalho consiste, basicamente, na disputa das correspondentes competições desportivas. Esse é o núcleo central da sua atividade, a razão pela qual

CONTRATO DE TRABALHO DESPORTIVO

o clube normalmente o contrata e a razão pela qual ele chega a acordo com esse clube: atuar ao seu serviço, representá-lo aquando do momento mágico da competição. Tudo o resto (*maxime* os treinos) tem carácter propedêutico, tem natureza preparatória ou instrumental, como a própria lei indica – o resto, dir-se-ia, são os ensaios e não a representação perante o público. Assim sendo, impõe-se a pergunta: poder-se-á afirmar, em bom rigor, que o praticante desportivo é titular, como os outros trabalhadores (ou até mais do que estes), de um direito de ocupação efetiva? A resposta a dar a esta questão oscilará em função do modo mais ou menos exigente como se conceba este direito de ocupação efetiva. Mas o certo é que, ao contrário do que sucede relativamente ao trabalhador comum, o praticante desportivo não tem o direito de exercer aquela que é, de longe, a mais importante das dimensões da sua atividade profissional – a de participar na competição desportiva –, pelo que bem poderá concluir-se que o dever de ocupação efetiva, *stricto sensu*, não existe neste domínio. Os critérios técnico-desportivos atinentes à constituição das equipas prevalecem, na verdade, sobre a tutela da profissionalidade do praticante desportivo, usufruindo a entidade empregadora de uma quase irrestrita liberdade de utilizar ou não os serviços deste, conforme aquilo que entenda mais conveniente. Só assim não será em duas hipóteses:

i) Se o próprio contrato individual de trabalho contemplar a matéria, assegurando a titularidade ao praticante desportivo. Com efeito, nada obsta a que a efetiva participação do praticante na competição seja objeto de estipulação contratual entre os sujeitos, parecendo mesmo desenhar-se uma tendência no sentido de exigir que uma tal cláusula seja incluída no contrato, sobretudo por parte de desportistas famosos (mas, porventura, já na curva descendente das respetivas carreiras);

ii) Caso se demonstre que a não utilização do praticante na competição resulta de fatores extradesportivos, sendo movida pela intenção de o punir, de o prejudicar profissionalmente e/ou de o desgastar psicologicamente – procurando coagi-lo, por exemplo (e, diga-se, este é um exemplo a que se assiste com frequência crescente), à renovação do vínculo contratual com a atual entidade empregadora. Neste caso, a atuação da entidade empregadora desportiva

LEI N.º 54/2017, DE 14 DE JULHO/**ARTIGO 11.º**

poderá, porém, traduzir-se numa prática de assédio moral sobre o praticante desportivo, proibido pelo art. 12.º, n.º 2, da presente lei (para maiores desenvolvimentos a este propósito, *vide* a anotação ao art. 12.º).

VII. A entidade empregadora deve também submeter os praticantes aos exames e tratamentos clínicos necessários à prática da atividade desportiva (al. *c)*); e permitir que os praticantes participem nos trabalhos de preparação e integrem as seleções ou representações nacionais (al. *d)*). Por força desta al. *d)*, será ilícita qualquer atuação da entidade empregadora desportiva visando impedir o praticante de participar nos trabalhos das seleções ou representações nacionais, podendo este desobedecer a qualquer ordem nesse sentido (o dever de obediência cessa perante ordens ilegais), participação essa, aliás, classificada como missão de interesse público pelo art. 45.º da LBAFD. Sendo a participação nos trabalhos das seleções nacionais qualificada como missão de interesse público, e atenta a obrigação legal de a entidade empregadora desportiva permitir que os respetivos praticantes participem nesses trabalhos e integrem essas seleções, a conclusão afigura-se óbvia: *a entidade empregadora não pode forçar ou coagir o praticante a renunciar à seleção nacional.* Naturalmente, nada obsta a que o clube empregador, tendo em conta as circunstâncias concretas em que se encontra determinado praticante desportivo (a sua maior ou menor veterania, as lesões sofridas ao longo da carreira e as respetivas sequelas, etc.), alerte esse praticante para os riscos inerentes a uma atividade competitiva demasiado intensa (cumulando a competição ao serviço do clube com a satisfação dos compromissos da seleção nacional) e o aconselhe a abdicar da seleção. Porém, no caso de não se tratar de aconselhar e de persuadir o atleta, indo-se mais longe e colocando o atleta entre a espada e a parede, vale dizer, entre o clube e a seleção, aí a prática já assumirá contornos ilícitos, dado que o nosso ordenamento jurídico considera inadmissível esta pretensão/exigência patronal de exclusividade. *Em certo sentido, os praticantes desportivos mais cotados estão legalmente obrigados a manter uma vida desportiva dupla, ora ao serviço da seleção, ora ao serviço do seu clube. Trata-se de uma espécie de bigamia desejada, acarinhada e mesmo estimulada pelo legislador, que veda ao clube a possibilidade de se reservar o exclusivo das prestações desportivas do atleta.*

VIII. O dever laboral de libertar o praticante para os trabalhos da seleção ou representação nacional existe, porém, «em conformidade com o previsto nos regulamentos federativos». Perante isto, cremos que, nos casos em que as próprias federações desportivas, de acordo com os respetivos regulamentos, não obrigam os clubes empregadores a libertar os seus atletas (tratando-se, por exemplo, de jogos amigáveis, não oficiais), também o clube não se encontrará obrigado, perante o praticante desportivo, a libertá-lo para integrar esses trabalhos, sob pena de incumprimento contratual. O dever laboral do clube, perante o atleta, existe apenas na medida em que exista o dever regulamentar do clube, perante a respetiva federação desportiva.

IX. Com a elevação da escolaridade obrigatória para 12 anos, compreende-se que, nos termos da lei, se considerem em idade escolar as crianças e jovens com idades compreendidas entre os 6 e os 18 anos. Isto significa que os menores, ainda que já sujeitos de um contrato de trabalho desportivo (como se disse, podem sê-lo a partir dos 16 anos de idade) e, nessa medida, já profissionais do desporto, continuam adstritos ao cumprimento da escolaridade obrigatória. Nessa medida, compreende-se e aplaude-se o disposto na al. *e)* deste artigo, que vincula a entidade empregadora desportiva a proporcionar aos praticantes menores as condições necessárias à conclusão da escolaridade obrigatória.

X. É inegável que o respeito pela chamada ética desportiva constitui um princípio inspirador de toda a atividade desportiva. A nossa lei não deixa margem para dúvidas quanto a este ponto, lendo-se no art. 3.º/1 da LBAFD que «a atividade desportiva é desenvolvida em observância dos princípios da ética, da defesa do espírito desportivo, da verdade desportiva e da formação integral de todos os participantes», acrescentando o n.º 2 do mesmo artigo que «incumbe ao Estado adotar as medidas tendentes a prevenir e a punir as manifestações antidesportivas, designadamente a violência, a dopagem, a corrupção, o racismo, a xenofobia e qualquer forma de discriminação». Contudo, se a lei vinca, dir-se-ia que de modo quase obsessivo, a imperiosa necessidade de pautar a atividade desportiva pelos cânones da ética desportiva, já se torna consideravelmente mais difícil apurar o que seja, em rigor, a referida ética desportiva.

Estamos, com efeito, perante uma noção de contornos algo difusos, que faz apelo a uma ideia de *fair play,* de igualdade e lealdade na competição, de limpeza de processos, de verdade no resultado desportivo – quando não mesmo a um certo espírito de cavalheirismo. Trata-se, em suma, de um conjunto de valores morais existentes – ou que é suposto existirem – na prática desportiva, de um conjunto de regras de conduta que lhe devem presidir.

XI. Para além das questões atinentes à exata delimitação dos seus contornos, o magno problema suscitado pela ética desportiva é de todos bem conhecido: constantemente afirmada, reafirmada e confirmada ao nível do discurso normativo, ela é também constantemente negada, renegada e violada ao nível da prática quotidiana. À sua repetida proclamação, no plano do dever-ser, corresponde a sua reiterada transgressão, no plano do ser, mostrando bem como não basta pregar a virtude para que ela seja praticada. Talvez porque, como alguém disse, não se mude a lógica de um sistema através de discursos. Para muitos, com efeito, os sucessivos atentados à ética desportiva não são senão consequências inevitáveis da própria lógica da competição, do *record* e da vitória a qualquer preço. Bem vistas as coisas, será que o glorioso *citius, altius, fortius* não justificará, afinal, a utilização de todos (ou de quase todos) os meios? Violência, militarização, corrupção, racismo e xenofobia, mercantilismo, manobras políticas, dopagem ... eis alguns dos pecados capitais do desporto, *maxime* do desporto profissional, de alta competição.

XII. De todo o modo, como quer que se concebam estes fenómenos – como frutos perversos de um desporto corrompido na sua pureza original ou como algo de necessariamente inscrito na lógica da instituição desportiva –, o certo é que a ordem jurídica procura combatê-los. E, nesse contexto, a al. *f)* deste artigo consagra o dever de a entidade empregadora promover o respeito pelas regras da ética desportiva no desenvolvimento da atividade desportiva. Note-se que se trata, aqui, de um dever situado na órbita dos deveres laborais, um dever da entidade empregadora perante o praticante desportivo, cujo incumprimento poderá, evidentemente, constituir justa causa para que o praticante afetado resolva o contrato (pense-se, p. ex., na entidade empregadora que

CONTRATO DE TRABALHO DESPORTIVO

recorre à dopagem dos praticantes para melhorar o rendimento destes, ou na entidade empregadora que procura envolver o praticante em atos de corrupção desportiva).

XIII. Trata este artigo dos deveres especiais da entidade empregadora desportiva. Sobre os deveres gerais de qualquer entidade empregadora, *vide*, sobretudo, o disposto no art. 127.º do CT.

Artigo 12.º – Direitos de personalidade e assédio

1 – A entidade empregadora deve respeitar os direitos de personalidade do praticante desportivo, sem prejuízo das limitações justificadas pela especificidade da atividade desportiva.
2 – É proibido o assédio no âmbito da relação laboral desportiva, nos termos previstos na lei geral do trabalho.

I. O n.º 1 deste artigo sublinha que o praticante desportivo não é uma mercadoria, mas sim uma pessoa. Com efeito, o atleta profissional não é, apenas, um ser laborioso, produtivo e competitivo, alguém que se dedica a cumprir escrupulosamente as múltiplas obrigações emergentes do contrato de trabalho desportivo, vendendo as suas energias laborais com o fito de obter um determinado rendimento patrimonial e alcançar determinados objetivos desportivos; antes e mais do que atleta e trabalhador, ele é uma pessoa e um cidadão, ainda que, ao celebrar e executar o contrato de trabalho desportivo, ele fique colocado sob a autoridade e direção de outrem, inserindo-se no respetivo âmbito de organização.

II. Ora, assim sendo, pergunta-se: até onde vão os poderes da entidade empregadora neste domínio? A relação laboral desportiva é, como as demais, uma relação de poder. Daí a questão: quando presta a sua atividade, o praticante desportivo conserva intactos e incólumes os seus atributos de personalidade e os seus direitos de cidadania? Ou, pelo contrário, no espaço-tempo laboral-desportivo o praticante é como que uma pessoa/cidadão em suspenso, visto ter de se incorporar numa estrutura produtiva alheia e numa organização hierárquica dominada, controlada e gerida por outrem? Estamos aqui, afinal, no coração do conflito entre as exigências gestionárias, organizativas e disciplinares do empregador, por um lado, e os direitos do praticante/trabalhador, por outro. Não propriamente, note-se, os seus direitos enquanto trabalhador (direito à greve, liberdade sindical, direito a descanso semanal e a férias, direito à retribuição, etc.), mas os seus «direitos inespecíficos», isto é, os seus direitos não especificamente laborais, os seus direitos enquanto pessoa e enquanto cidadão («direitos de 2.ª geração», *hoc sensu*).

III. O que temos aqui, quase sempre, é um problema de conflito de direitos, a reclamar uma cuidada e laboriosa tarefa de concordância prática entre eles, de acordo com o princípio da proporcionalidade, na sua tríplice dimensão (conformidade ou adequação, exigibilidade ou necessidade, proporcionalidade *stricto sensu*). Nesta matéria, assistimos, em suma, a uma *dialética aplicação/modulação*, vale dizer: *i)* a tutela da situação pessoal do praticante desportivo pressupõe a aplicação/eficácia dos direitos fundamentais da pessoa humana no âmbito da sua relação de trabalho; *ii)* os legítimos interesses do empregador e a posição de inequívoca supremacia que este detém na relação de trabalho desportivo implicam, necessariamente, uma certa compressão ou modulação daqueles direitos do praticante.

IV. Isto dito, resta saber como se alcança, na prática, o desejado ponto de equilíbrio. Em todo o caso, a norma sob anotação começa por sublinhar que a entidade empregadora desportiva deverá respeitar os direitos de personalidade do praticante, direitos estes que incidem sobre os vários modos de ser físicos ou morais da personalidade de cada pessoa, direitos do praticante enquanto pessoa, direitos da pessoa sobre si mesma (*jura in se ipsum*), direitos gerais e necessários, de que todos gozam, pois representam o conteúdo mínimo e imprescindível da esfera jurídica de cada pessoa. Mas esta é, sem dúvida, uma matéria complexa, situada num terreno escorregadio em que abundam os conceitos indeterminados e em que surgem, não raro, questões melindrosas, cuja resposta poderá oscilar em função das circunstâncias concretas que rodeiam cada situação – em função, desde logo, da natureza da atividade prestada, do tipo de empresa em que se realiza, dos usos do setor em causa, etc. Daí que a parte final do

CONTRATO DE TRABALHO DESPORTIVO

n.º 1 ressalve, prudentemente, as «limitações justificadas pela especificidade da atividade desportiva».

V. Crê-se, com efeito, que a especificidade da atividade desportiva e do meio em que a mesma se desenvolve poderão justificar algumas compressões dos direitos de cidadania e de personalidade do praticante desportivo, em moldes que não encontram paralelo na relação laboral comum. Assim, por exemplo, a liberdade de expressão do praticante poderá, talvez, ser mais limitada do que a do trabalhador comum, tendo em conta o impacto mediático da atividade desportiva e a sensibilidade exasperada que caracteriza este setor de atividade, setor em que a competição e a paixão coabitam e são levadas ao limite. Também, para dar outro exemplo, certas intromissões da entidade empregadora na vida privada do praticante, inadmissíveis em relação a um trabalhador comum (pense-se na hipótese de aquela tentar controlar os seus hábitos de consumo e os seus *hobbies*, proibindo o consumo de *fast food* ou que este seja fumador, por exemplo), talvez se justifiquem na relação laboral desportiva, tendo em conta as exigências de apuro físico inerentes à competição desportiva profissional.

VI. O n.º 2 proíbe expressamente o assédio no âmbito da relação laboral desportiva, nos termos previstos na lei geral do trabalho. Segundo o art. 29.º do CT, «entende-se por assédio o comportamento indesejado, nomeadamente o baseado em fator de discriminação, praticado aquando do acesso ao emprego ou no próprio emprego, trabalho ou formação profissional, com o objetivo ou o efeito de perturbar ou constranger a pessoa, afetar a sua dignidade, ou de lhe criar um ambiente intimidativo, hostil, degradante, humilhante ou desestabilizador».

VII. Não se pense que o assédio, fenómeno muito comum nas relações laborais, é desconhecido no âmbito da relação laboral desportiva. A realidade atesta o contrário, ainda que as condutas constitutivas de assédio sejam aqui, obviamente, distintas das demais, bem como os objetivos amiúde visados pelo autor do assédio. Tomemos um exemplo corrente no nosso país: a questão da participação ou não do praticante na competição desportiva. Sabe-se que, em princípio, quem decide sobre a utilização ou não do atleta na competição é a entidade empregadora desportiva, através do técnico ou treinador O praticante desportivo não tem, em princípio, qualquer direito de participar na competição, não tem o direito de ser titular. Mas tem, decerto, o direito de lutar pela titularidade e de ser condignamente tratado nessa luta pela titularidade. Assim, repete-se, caso se demonstre que a não utilização do praticante na competição resulta de fatores extradesportivos, sendo movida pela intenção de o punir, de o prejudicar profissionalmente e/ou de o desgastar psicologicamente – procurando coagi-lo, por exemplo, à renovação do vínculo contratual com o clube (outros exemplos análogos, não académicos, consistem em o clube excluir o atleta da competição pelo facto de este, legitimamente, se recusar a aceitar uma proposta patronal de redução salarial, ou uma proposta de transferência para um clube estrangeiro), as coisas mudam de figura. Vejamos.

VIII. Trata-se, no caso em apreço, de um expediente frequentemente utilizado pelas entidades empregadoras desportivas, na sequência do famoso «Acórdão Bosman» e como resposta aos novos dados normativos por este introduzidos. Com efeito, a partir do momento em que as entidades empregadoras viram desaparecer o direito de reclamar qualquer «indemnização de transferência» caso o praticante desportivo opte por mudar de empregador após o *terminus* do seu contrato de trabalho, assistiu-se à emergência de um duplo fenómeno reativo: a celebração de contratos de longa duração, não raro neles inserindo vultuosas «cláusulas de rescisão» (a chamada "blindagem contratual"); a prorrogação ou renovação de tais contratos durante a sua vigência e antes, muito antes, da data inicialmente prevista para a respetiva caducidade (exemplo: contrato com a duração de cinco épocas desportivas, com o clube a propor a renovação logo durante a 2.ª ou a 3.ª época). Nesta última hipótese, estamos perante aquilo que alguns designam por sistema de *rolling contracts*, sistema que, naturalmente, visa evitar que o prazo contratual expire e que, em consequência, o jogador possa vir a transferir-se "a custo zero". Ora, a prática vem demonstrando que, muitas vezes, estas propostas patronais de renovação contratual (em si mesmas, inteiramente legítimas) vêm acompanhadas da ameaça, nem sempre velada, de excluir o praticante da competição desportiva, caso ele não aceite a pretendida renovação... Cremos que neste tipo de casos, probatoriamente muito problemáticos para o praticante desportivo, estaremos perante condutas ilegítimas e abusivas, atentatórias da boa-fé contratual e tipicamente constitutivas de assédio moral.

IX. Entendamo-nos. Entidade empregadora e praticante desportivo celebram um contrato de trabalho a termo, a prazo, devendo ambos cumpri-lo ponto por ponto, na íntegra, em obediência ao conhecido princípio *pacta sunt servanda*. Sobre o praticante não recai qualquer obrigação de renovar o vínculo contratual com o clube empregador. O clube, por seu turno, não tem qualquer direito de exigir do jogador essa renovação. O compromisso contratual entre as partes, por força da lei, é um compromisso temporalmente parametrizado. *E se o clube, procurando forçar o praticante desportivo a dar a sua anuência à renovação, utilizar o expediente de impedir o atleta de participar na competição, então o clube estará a incorrer em assédio moral, previsto e proibido no art. 29.º do CT.* É disso mesmo, sem tirar nem pôr, que, *in casu*, se trata: um comportamento ostracizante indesejado pelo trabalhador do desporto, praticado com o objetivo de o perturbar ou constranger, desestabilizando-o, tentando intimidá-lo, tentando forçar o atleta a prorrogar o vínculo contratual com a entidade empregadora desportiva, promotora do assédio.

Atuando nos moldes acima descritos, a entidade empregadora, através do responsável técnico da equipa, está a lesar a profissionalidade do atleta, está, de forma consciente e deliberada, a infligir danos, patrimoniais e não patrimoniais, ao trabalhador do desporto, tentando forçá-lo a fazer algo – prorrogar o seu contrato – que este não deseja e a que não está minimamente obrigado. E, a este propósito, sejamos claros: confrontado com esta estratégia de constrangimento, com esta prática de assédio moral, é evidente que o praticante tem todo o direito de reagir, inclusive através da resolução do respetivo contrato de trabalho desportivo, com justa causa. Para o praticante desportivo, a alternativa entre a *renovação contratual* (indesejada) e a *hibernação profissional* (forçada) não é inelutável. A saída poderá, eventualmente, passar pela *libertação contratual*, através da demissão com justa causa promovida pelo atleta.

X. Esta norma não encontra correspondente na Lei n.º 28/98 e, se não existisse, sempre a respetiva doutrina encontraria aplicação em sede de trabalho desportivo, em virtude da aplicação subsidiária, nesta sede, do regime geral do contrato de trabalho, nos termos do art. 3.º, n.º 1, do presente diploma. Todavia, o facto de o legislador se ter preocupado com a expressa afirmação de um dever de respeito da entidade empregadora desportiva pelos direitos de personalidade do praticante, bem como com a expressa proibição do assédio no âmbito da relação laboral desportiva, tem, a nosso ver, uma elevada carga simbólica, procurando lutar contra as visões que reduzem o atleta à condição de mercadoria e que relativizam o fenómeno do assédio em sede desportiva. Neste sentido, crê-se que esta é uma das mais emblemáticas normas do presente diploma.

Artigo 13.º – Deveres do praticante desportivo

Para além dos previstos em instrumento de regulamentação coletiva, são deveres do praticante desportivo, em especial:

a) Prestar a atividade desportiva para que foi contratado, participando nos treinos, estágios e outras sessões preparatórias das competições com a aplicação e a diligência correspondentes às suas condições psicofísicas e técnicas e, bem assim, de acordo com as regras da respetiva modalidade desportiva e com as instruções da entidade empregadora desportiva;

b) Participar nos trabalhos de preparação e integrar as seleções ou representações nacionais;

c) Preservar as condições físicas que lhe permitam participar na competição desportiva objeto do contrato;

d) Submeter-se aos exames e tratamentos clínicos necessários à prática desportiva;

e) Conformar-se, no exercício da atividade desportiva, com as regras próprias da disciplina e da ética desportiva.

I. Segundo dispõe a al. *a)*, vinculado que está, como qualquer outro devedor, ao cumprimento da obrigação assumida de acordo com a boa-fé, o praticante desportivo deve prestar a atividade para que foi contratado de modo *diligente* (com a aplicação e a diligência correspondentes às suas condições psicofísicas e técnicas). E, como qualquer outro trabalhador subordinado, deve também prestar a sua atividade de modo *obediente* (de acordo com as instruções da entidade empregadora).

CONTRATO DE TRABALHO DESPORTIVO

II. Segundo a al. *b)*, o praticante desportivo encontra-se também obrigado, perante a respetiva entidade empregadora, a participar nos trabalhos de preparação e integrar as seleções ou representações nacionais (caso, como é óbvio, para as mesmas seja convocado). Avulta aqui o eventual interesse da entidade empregadora desportiva na incorporação do seu atleta nas seleções, desde logo por tal poder implicar uma considerável valorização do mesmo, enquanto "ativo" do clube empregador. Neste ponto, relativo à participação nos trabalhos da seleção nacional, o praticante tem, pois, um direito-dever: tem o direito a que a sua entidade empregadora não crie obstáculos à sua incorporação na seleção (art. 11.º, al. *d)*); tem o dever, perante a sua entidade empregadora, de responder afirmativamente à convocatória para essa mesma seleção (al. *b)* do presente artigo).

III. O dever a que se refere a al. *c)*, nos termos da qual o praticante se encontra obrigado a "preservar as condições físicas que lhe permitam participar na competição desportiva objeto do contrato", toca num ponto particularmente importante, e particularmente delicado, do estatuto jurídico do praticante desportivo: o do relacionamento entre a sua vida profissional e a sua vida extraprofissional, entre a sua vida laboral e a sua vida privada. O problema não é, aliás, exclusivo dos atletas profissionais, embora aqui assuma especial relevância e, porventura, contornos particulares. Na verdade, de há muito a doutrina vem discutindo se o correto cumprimento do contrato por parte do trabalhador não terá implicações na sua vida extraprofissional: estará ele obrigado a abster-se, na sua vida extralaboral, de quaisquer condutas que possam afetar a sua *performance* laboral, diminuindo o seu rendimento? Em geral, a resposta só parece poder ser negativa. Assim, e como escreve Jorge Leite, "se o trabalhador não é senhor de si durante o tempo de trabalho, não pode deixar de o ser fora dele", pelo que "o modo como ocupa o tempo de repouso é uma questão a que o empregador deve considerar-se alheio", única forma, de resto, de se "preservar a liberdade do trabalhador e evitar que o empregador se imiscua na esfera da sua vida privada". O princípio é, pois, o da irrelevância disciplinar do comportamento extraprofissional do trabalhador: só no caso de os excessos extralaborais se refletirem negativamente na vida de trabalho poderá este reflexo, e não aqueles excessos, ser objeto de valoração e eventual sanção; a vida extraprofissional não tem, pois, relevo *autónomo* na relação entre o trabalhador e o empregador, como sublinha o mesmo Autor.

IV. Serão estas asserções confirmadas pela al. *c)* do artigo em análise? Cremos que não. Ao impor ao praticante desportivo, não apenas o dever de prestar diligentemente a atividade desportiva para que foi contratado (al. *a)*), mas ainda o específico dever de preservar as suas condições físicas, o legislador parece ter ido aqui um pouco mais longe. Com efeito, as particulares exigências físico-atléticas da competição desportiva implicam que o praticante esteja algo mais do que numa boa condição física, ele terá de estar numa muito boa, ou mesmo numa ótima condição física. Daí que a lei acentue este dever do trabalhador do desporto: ele deverá conduzir a vida extraprofissional de modo a preservar as suas condições físicas para a competição, abstendo-se de comportamentos que possam prejudicar o seu rendimento competitivo. O praticante violará, assim, esta obrigação, caso adote qualquer conduta extralaboral suscetível de afetar a sua condição física, deste modo fazendo perigar a qualidade da sua prestação. Ou seja: no domínio do contrato de trabalho desportivo, a vida extralaboral parece ter relevo *autónomo* na relação laboral; puníveis aqui não são apenas os eventuais reflexos negativos daquela nesta; ainda que tais reflexos não se façam sentir, ou não se demonstrem, as condutas extralaborais do praticante desportivo poderão ser sancionadas, caso se revelem adequadas a comprometer a sua, exige-se que muito boa, condição física. O princípio da irrelevância disciplinar do comportamento extraprofissional do trabalhador sofre aqui, portanto, um acentuado desvio, se não mesmo uma clara rejeição

V. Aqui chegados, importa, no entanto, que *todos* os agentes desportivos – a começar, sem dúvida, nos praticantes, mas a acabar, ainda com menores dúvidas, nos dirigentes – revelem bom senso, razoabilidade e, dir-se-ia, sentido das proporções na abordagem desta delicada questão. É certo que o ordenamento jurídico esbateu aqui um tanto a linha divisória entre vida profissional e vida privada. É até compreensível que o tenha feito. Mas, note-se, embora de contornos pouco vivos e mesmo vacilantes, tal linha divisória continua a existir: a imagem de um trabalhador, *de qualquer trabalhador*, em estado de subordinação jurídica 24 sobre 24 horas, sujeito a constante fiscalização, quando não a apertada vigilância, mostra-se em flagrante e chocante contraste com valores tão fundamentais como os da liberdade, da reserva da vida privada, enfim, do "direito a não ser controlado". Por isso mesmo, algumas exigências por vezes feitas pelos clubes aos praticantes – tais como não sair de casa a partir de determinada hora, não se deslocar para distâncias superiores a *n* quilómetros, não frequentar certo tipo de estabelecimentos, deitar-se às *x* horas, recomendações/imposições no tocante à própria vida sexual, etc. – revelam-se, a este propósito, seguramente desproporcionadas, traduzindo uma inadmissível militarização (para não lhe chamar presidiarização) da relação laboral do praticante desportivo. Nem se argumente, como por vezes sucede, com os elevados salários auferidos por alguns desses praticantes: como todos sabemos, uma prisão dourada, sendo dourada, não deixa de ser uma prisão, não fornecendo os inegáveis exageros de ordem salarial qualquer álibi para todas aquelas restrições e/ou intromissões, algumas delas em rota de colisão com a própria dignidade humana.

VI. Por outro lado, ainda quando se conclua que o praticante desportivo desrespeitou o dever de preservar as suas condições físicas, adotando um comportamento causalmente adequado a deteriorá-las, sempre haverá que não esquecer a regra da proporcionalidade, regra basilar em matéria disciplinar. A violação pode ser pouco grave, grave ou muito grave, devendo a correspondente sanção ser graduada em conformidade. Quanto a este ponto, *vd.* o art. 18.º, n.º 5, do presente diploma, e respetiva anotação.

VII. O dever, a cargo do praticante, de "preservar as condições físicas que lhe permitam participar na competição desportiva objeto do contrato", convoca-nos para um regime próximo da exclusividade, na medida em que o legislador parece considerar que o tempo do praticante desportivo, quando não for tempo de preparação ou de competição, deverá ser, de algum modo, tempo de recuperação. Ora, é sabido que a prática de uma atividade desportiva (seja da mesma, seja de outra modalidade) colide, em princípio, com aquela ideia de recuperação, visto que: *i)* a atividade desportiva implica, as mais das vezes, um esforço físico relativamente violento, com o inerente desgaste; *ii)* na atividade desportiva é particularmente elevado o risco de lesão ou de acidente; *iii)* tratando-se de atividade desportiva diferente da que é objeto do contrato de trabalho, a sua simples prática pode prejudicar o rendimento do profissional, pois é sabido que cada modalidade desportiva requer um tipo específico de preparação, uma diferente compleição física e um distinto desenvolvimento muscular dos atletas (o perfil atlético do praticante de râguebi, p. ex., tem pouco a ver com o perfil atlético do basquetebolista...). O dever de o praticante preservar as suas aptidões físicas, não as agredindo, pondo em risco ou deformando, em ordem a participar na competição desportiva objeto do contrato nas melhores condições possíveis, poderá pois condicionar a prestação de outras atividades, *maxime* desportivas, na vigência do contrato.

VIII. Se a entidade empregadora tem o dever de submeter os praticantes aos exames e tratamentos clínicos necessários à prática da atividade desportiva (art. 11.º-*c*), também sobre o praticante impende o dever de se submeter a tais exames e tratamentos (al. *d*) do presente artigo).

IX. No exercício da atividade desportiva, o praticante deverá atuar de acordo com as regras da respetiva modalidade (al. *a*)) e em conformidade com as regras próprias da disciplina e da ética desportiva (al. *e*)). Com estas alíneas, o legislador incorpora o respeito da disciplina e da ética desportiva no acervo de obrigações decorrentes do contrato de trabalho, laboralizando estas matérias, e por conseguinte rejeita a visão da relação desportiva e da relação laboral como dois compartimentos estanques, sem quaisquer pontos de contacto. Por força desta norma, a falta de disciplina desportiva pode igualmente traduzir-se numa falta contratual, à sanção disciplinar desportiva podendo perfeitamente somar-se a sanção disciplinar laboral, sem violação do *non bis in idem*.

X. Cumpre, em todo o caso, frisar: o mundo desportivo e o mundo laboral não são dois universos estanques, totalmente isolados um do outro, mas são *dois* universos, não um só (ou, se se preferir, são dois continentes distintos do mesmo universo); eles têm, é certo, pontos de contacto, de intercomunicação, mas isso não autoriza a equiparar, mecanicamente, a

CONTRATO DE TRABALHO DESPORTIVO

falta disciplinar desportiva à falta disciplinar laboral. Competição é sinónimo de disputa, luta, rivalidade, antagonismo, coenvolvendo necessariamente uma certa dose de agressividade. A competição desportiva em particular, todos o sabemos, pelas paixões que desperta e pelos interesses que movimenta, rodeia-se de significativas doses de tal agressividade – agressividade "no bom sentido", diz-se, ou "virilidade", como alguns preferem designá-la. Não é decerto por mero acaso que, parafraseando Clausewitz, muitas vezes se afirma que o desporto é a continuação da guerra por outros meios, ou que, segundo, Orwell, o desporto equivale a uma guerra sem tiros. Mais: qualquer sintoma de falta de combatividade do atleta tende aqui a ser sinónimo de pouca diligência na execução do contrato, de escasso brio profissional, de ausência de determinação e de "amor à camisola". Nesta perspetiva, e forçando um pouco a nota, dir-se-ia até que, no desporto profissional, a ética é recomendável, mas apenas em doses moderadas, dentro de limites razoáveis, pois ética desportiva em demasia também tem os seus riscos, designadamente o de «amaciar» o praticante, tornando-o pouco aguerrido e, por via disso, pouco profissional – aqui, como alguém disse, a ideia que vai fazendo curso é a de que *nice guys finish last...*

XI. Logicamente, isto implica que as faltas disciplinares de índole desportiva, quando de algum modo sejam decorrentes daquela "postura agressiva" por todos (espetadores, técnicos, dirigentes, etc.) exigida ao praticante, se esgotem nesse mesmo plano desportivo, não se repercutindo na relação laboral. Apenas as quebras da disciplina desportiva que, dir-se-ia, exorbitem do trivial, apresentando particular gravidade e analisando-se em comportamentos manifestamente censuráveis do praticante-trabalhador (ex.: agressão a um árbitro, agressão violenta a um adversário sem disputa de bola, incitamento do público à violência, ao racismo, à xenofobia ou à homofobia, etc.) poderão refletir-se no plano laboral, legitimando uma sanção por parte da entidade empregadora.

XII. Note-se, de resto, que determinadas faltas desportivas, ainda quando relativamente graves, dificilmente poderão deixar de ser encaradas como exprimindo um normal, dir-se-ia mesmo que bom, cumprimento do contrato de trabalho por parte do praticante. É pensar no que se passa com as chamadas "faltas inteligentes": no futebol, indo a bola a entrar na respetiva baliza, determinado jogador de campo substitui-se ao guarda-redes, defendendo-a com as mãos e sendo expulso pelo árbitro; ou um jogador rasteira deliberadamente um adversário, sendo também expulso mas evitando que este se isolasse frente à sua baliza; ou, no basquetebol, estando o jogo a terminar, determinado jogador faz falta sobre um oponente, de modo a levá-lo para a linha de lance livre e possibilitando a recuperação de bola por parte da sua equipa. Os exemplos poderiam multiplicar-se e, aliás, atingir graus de maior sofisticação: caso do futebolista que atua com deliberada intenção de que o árbitro lhe exiba o cartão amarelo, de modo a ficar suspenso no jogo seguinte mas, em contrapartida, com o registo disciplinar limpo para alinhar nos encontros subsequentes, porventura desportivamente mais importantes (o que alguém já chamou de "gestão criteriosa de recursos humanos"...). Neste tipo de casos, o praticante viola, decerto, as regras da disciplina e da ética desportiva. Mas terá cabimento dizer-se que ele viola o contrato de trabalho? Não prossegue ele os interesses da entidade empregadora, obedecendo estritamente às suas instruções? Mais: o praticante que, em nome da disciplina desportiva, se recuse a acatar as instruções da entidade empregadora no sentido de adotar algum dos comportamentos acima descritos, não estará, então sim, a infringir os seus deveres contratuais?

XIII. A assimilação automática da falta desportiva à falta laboral é, portanto, de rejeitar, pois o ângulo de análise dos ordenamentos jurídico-desportivo e jurídico-laboral não coincide. A alínea *e)* deste artigo carece, assim, de ser interpretada em termos hábeis. Em síntese, dir-se-á que o não acatamento da disciplina desportiva pelo praticante poderá constituir justa causa de despedimento, contanto que se demonstre que o comportamento foi grave em si mesmo (por exemplo, agressão a um árbitro, agressão violenta e intencional a um adversário) e nas suas consequências (por exemplo, suspensão federativa prolongada do praticante, em virtude da agressão). O mesmo vale relativamente ao desrespeito da ética desportiva (incitamento do público à violência ou ao racismo, praticante que se deixa corromper ou que utiliza substâncias dopantes, etc.).

XIV. O domínio disciplinar é, porém, como se sabe, o domínio da justiça individualizante por excelência. Aqui, realmente, permita-se-nos o lugar-comum, cada caso é um caso. Deste modo, apenas perante as circunstâncias concretas de cada situação se poderá formular um juízo fundado sobre a (in)existência de justa causa de despedimento, para tal efeito não bastando, como é óbvio, demonstrar a verificação de uma qualquer violação da ética desportiva. Assim, por exemplo, em matéria de *doping*, haverá que distinguir: uma coisa será o praticante dopar-se, conscientemente e sem conhecimento da respetiva entidade empregadora e dos seus superiores hierárquicos; outra coisa, bem diferente, será o praticante ser dopado pelos serviços médicos do clube, com a eventual conivência do treinador da equipa (aliás, não é impossível que o *doping* seja administrado ao praticante sem que este tome consciência do facto); outra ainda será o *doping* fazer parte da «política desportiva» da própria entidade empregadora, sendo esta quem organiza e dirige o processo de dopagem (hipótese, ao que se pensa, não meramente académica). Em cada um destes casos o grau de culpabilidade do praticante é distinto, o que, evidentemente, não poderá deixar de se repercutir em sede jurídico-laboral (no último caso, por exemplo, o eventual despedimento disciplinar do praticante configuraria mesmo um intolerável *venire contra factum proprium* por parte da entidade empregadora desportiva).

XV. Sobre os deveres a que, em geral, o trabalhador se encontra adstrito (dever de urbanidade, de assiduidade, de diligência, de obediência, de lealdade, de custódia, etc.), *vide* o art. 128.º do CT.

Artigo 14.º – Direito de imagem

1 – Todo o praticante desportivo tem direito a utilizar a sua imagem pública ligada à prática desportiva e a opor-se a que outrem a use para exploração comercial ou para outros fins económicos, sem prejuízo da possibilidade de transmissão contratual da respetiva exploração comercial.
2 – Ficam ressalvados os direitos da entidade empregadora desportiva quanto à imagem do coletivo dos praticantes, direitos que podem ser objeto de regulamentação em sede de contratação coletiva.

I. O desporto profissional constitui hoje um espetáculo de primeira grandeza, pelo que a imagem dos atletas vem sendo crescentemente utilizada nas mais variadas estratégias publicitárias. Ora, ao celebrar um contrato de trabalho desportivo, um praticante compromete-se a prestar atividade desportiva sob a autoridade e direção da respetiva entidade empregadora, mas, em princípio, o direito de utilizar ou explorar comercialmente a sua imagem pública permanece na titularidade do praticante, como resulta do disposto no n.º 1 da norma sob anotação.

II. No tocante ao *direito à imagem*, direito de estrutura complexa e multidimensional, impõe-se proceder a algumas distinções clarificadoras. Assim, importa distinguir a vertente *pessoal/negativa* do direito à imagem (que avulta, por exemplo, no disposto sobre este direito no art. 26.º da CRP ou no art. 79.º do CCivil) da vertente *patrimonial/positiva* deste mesmo direito: além trata-se, sobretudo, do chamado "direito à intimidade sobre a imagem", ao passo que aqui deparamos com o "direito ao valor comercial da imagem". É este aspeto positivo, ligado à utilização ou exploração económica da imagem do desportista, que sobretudo interessa nesta sede. Neste sentido, dir-se-ia, os direitos de imagem traduzem-se na faculdade de alguém ganhar dinheiro em virtude do facto de ser muito conhecido. Com efeito, os desportistas de *top* são genuínos símbolos de vitória, podendo ser utilizados para aumentar o prestígio de determinada marca com grande margem de segurança. Como alguém disse, «títulos e pódios são a fórmula ideal para lançar produtos de sucesso», trate-se ou não de produtos ligados à prática desportiva. Acresce que, ao mesmo tempo que são utilizados para promover uma qualquer marca, de certo modo os desportistas também se autopromovem, potenciando a sua imagem pública.

III. Por outro lado, neste âmbito haverá outrossim que distinguir os denominados *direitos de imagem coletivos* dos *direitos individuais de imagem*: aqueles dizem respeito à imagem do desportista relacionada com a respetiva equipa e com as competições em que participa, sendo que tais "direitos de imagem coletivos" são implicitamente cedidos à entidade empregadora desportiva através do correspondente contrato de trabalho; já os "direitos individuais de imagem", ligados à imagem pública do des-

CONTRATO DE TRABALHO DESPORTIVO

portista como pessoa, sem vinculação a uma concreta entidade empregadora desportiva, não são implicitamente cedidos através do contrato de trabalho, antes permanecem na esfera do desportista – podendo, porém, ser objeto de cedência através de estipulação contratual adrede formulada, *maxime* através dos chamados "contratos de cedência de imagem", como resulta da parte final do n.º 1 do presente artigo. Esta distinção entre a imagem individual (imagem pública ligada à prática desportiva) e a imagem coletiva encontra expresso acolhimento no presente artigo, referindo-se o seu n.º 1 àquela e o n.º 2 a esta última.

IV. Num quadro de acentuada mediatização e mercantilização do fenómeno desportivo, numa sociedade pautada pelo consumo, pelo espetáculo e pela informação, é óbvio que os laços entre o desporto (*rectius,* o espetáculo desportivo) e a publicidade não poderiam senão aprofundar-se e estreitar-se. A imagem pública dos desportistas, sobretudo a daqueles que atingem um patamar qualitativo suficiente em ordem a concitar a atenção dos *media* (e, logo, do público-consumidor), torna-se um instrumento privilegiado das estratégias publicitárias, pelo que a faculdade de proceder à respetiva utilização e exploração converte-se em objeto de comércio jurídico, sendo assim lícitos os contratos através dos quais os desportistas dispõem da sua imagem, como que "monetarizando-a".

V. É certo que, no plano formal e abstrato, qualquer pessoa, independentemente da sua maior ou menor notoriedade, é titular do direito de utilização económica da sua própria imagem. Mas é claro que, no plano real e concreto da vida, só a "condição de celebridade" lhe permitirá desfrutar de tal direito mediante uma "atividade negocial dispositiva" do mesmo. Registe-se, em todo o caso, que o direito à imagem, como direito eminentemente pessoal que é, não pode ser transmitido a outrem. Podem, isso sim, ser objeto de transmissão os direitos de exploração comercial da imagem, ou seja, uma parte apenas do todo constituído pelo direito à imagem: a cedência apenas supõe que um terceiro explore esses direitos de imagem, mas a respetiva titularidade sempre permanecerá na esfera do cedente.

VI. Aqui chegados, sejamos claros: a proliferação dos chamados "contratos de imagem", através dos quais o desportista (não raro, desportistas desprovidos da "condição de celebridade" a que acima se fez referência) cede a faculdade de explorar a sua imagem pública a outrem (não raro, à respetiva entidade empregadora desportiva), deve-se, amiúde, a uma razão tão inquestionável quanto inconfessável – a fiscalidade! Com efeito, na mira de aliviar a chamada "pressão fiscal" sobre os rendimentos do trabalho, foi-se generalizando a prática de celebrar (*rectius*, de dizer que se celebra), a par do contrato de trabalho desportivo, um contrato civil ou mercantil tendo por objeto a "cedência de direitos de imagem". Por esta via, a retribuição devida por força do contrato de trabalho é reduzida e a remuneração devida por força do contrato de cedência de imagem é elevada, tudo com o fito de minorar a carga fiscal e previdencial inerente a estas operações.

VII. Pelo exposto, haverá que apurar se, em rigor, não estaremos, em muitos casos, perante uma *dualidade contratual simulada*, isto é, perante meras e artificiosas fórmulas contratuais de engenharia tributária. Com efeito, pergunta-se: o desdobramento contrato de trabalho + contrato de cedência de imagem não será meramente aparente? Não terão os sujeitos forjado a ficção de uma dualidade contratual, dualidade por eles na realidade não desejada? Não existirá aqui um vício na formulação da vontade, um dissídio entre a real vontade das partes e a declaração por elas emitida, uma divergência intencional entre o "querido" e o "declarado"? Não toparemos aqui, afinal, com um fenómeno de simulação negocial, tal como esta figura surge desenhada nos arts. 240.º a 242.º do CCivil?

VIII. Recorde-se que, nos termos do n.º 1 do art. 240.º do CCivil, "se, por acordo entre declarante e declaratário, e no intuito de enganar terceiros, houver divergência entre a declaração negocial e a vontade real do declarante, o negócio diz-se simulado". Nesse caso, poderá haver uma simulação fraudulenta, feita com o intuito de contornar normas legais de carácter tributário e/ou previdencial. Ora, caso a resposta àquelas questões seja afirmativa, então a dualidade contratual simulada serviria, apenas, para dissimular uma real unicidade contratual. As partes não quiseram celebrar dois contratos distintos, mas apenas um: um contrato de trabalho desportivo. Na verdade, se o negócio simulado é nulo, tal nulidade não prejudica a validade do negócio dissimulado que as partes

CONTRATO DE TRABALHO DESPORTIVO

quiseram realizar, pelo que, como ensina a doutrina, prevalece o que na realidade se fez sobre o que simuladamente se concebeu: o ato dissimulado vem à superfície e fica sujeito ao regime que lhe é próprio, como se às claras tivesse sido celebrado.

IX. O progressivo, e porventura inelutável, estreitamento dos laços entre desporto e publicidade – o desporto encontra-se hoje fortemente penetrado pela publicidade, quando não tomado por ela – faz com que toda esta matéria assuma contornos particularmente complexos, porventura a merecer adequada regulamentação ao nível da contratação coletiva, para a qual remete a parte final do n.º 2 do presente artigo.

Artigo 15.º – Retribuição

1 – Compreendem-se na retribuição todas as prestações patrimoniais que, nos termos das regras aplicáveis ao contrato de trabalho desportivo, a entidade empregadora desportiva realize a favor do praticante desportivo pelo exercício da sua atividade ou com fundamento nos resultados nela obtidos.

2 – É válida a cláusula constante de contrato de trabalho desportivo que determine o aumento ou a diminuição da retribuição em caso de subida ou descida de escalão competitivo em que esteja integrada a entidade empregadora desportiva.

3 – A retribuição vence-se mensalmente, até ao quinto dia do mês subsequente ao da prestação de trabalho, devendo estar à disposição do praticante desportivo na data do vencimento ou no dia útil anterior.

4 – As partes no contrato de trabalho desportivo podem decidir fracionar o pagamento das retribuições dos meses de junho e julho e dos subsídios de Natal e de férias, em número nunca inferior a 10 prestações, de montante igual, pagas com a retribuição dos restantes meses.

5 – Quando a retribuição compreenda uma parte correspondente aos resultados desportivos obtidos, esta considera-se vencida, salvo acordo em contrário, com a remuneração do mês seguinte àquele em que esses resultados se verificarem.

I. O n.º 1 situa-se na linha do previsto no art. 258.º do CT, colocando em destaque o caráter necessariamente patrimonial (mas não necessariamente pecuniário) da retribuição, bem como a ideia de que a retribuição visa remunerar o exercício da atividade do praticante (retribuição certa) ou os resultados obtidos (retribuição variável).

II. O *quantum* retributivo ajustado entre as partes por via do contrato individual de trabalho terá, como é óbvio, de respeitar o imperativamente prescrito nas normas jurídico-laborais aplicáveis, designadamente o salário mínimo nacional e, quando for o caso, o estabelecido ao nível da contratação coletiva.

III. Respeitado que seja o mínimo legal (ou, sendo caso disso, o mínimo convencional), o n.º 2 permite que, por estipulação contratual, se determine "o aumento ou a diminuição da retribuição em caso de subida ou descida de escalão competitivo em que esteja integrada a entidade empregadora desportiva". Trata-se, no fundo, de criar um mecanismo de adaptação do contrato à possível alteração das circunstâncias vigentes ao tempo da sua celebração, sabendo-se que, em regra, a mudança de escalão competitivo tem efeitos não despiciendos em múltiplos domínios, tais como receitas de publicidade, de televisão, de espetadores, etc.. O reajustamento da retribuição acompanhará assim as maiores ou menores possibilidades financeiras das entidades empregadoras, tornando o praticante interessado, porventura mais do que nunca, nos êxitos desportivos do clube.

IV. É *certa* a retribuição calculada em função do tempo de trabalho, nos termos do art. 261.º/2 do CT. Além de unidade de cálculo, o mês constitui também, na maior parte dos casos, a unidade de vencimento da retribuição, a este propósito se falando na crescente tendência para a *mensualização* da retribuição. Assim sucede, em princípio, em sede de trabalho desportivo, nos termos do n.º 3 (vencimento mensal da retribuição, pagamento até ao quinto dia do mês subsequente ao da prestação de trabalho). A obrigação retributiva deve, portanto, ser cumprida depois, e não antes, da correlativa prestação de trabalho desportivo (a chamada regra da *pós-numeração*).

V. A lei autoriza, contudo, que as partes procedam a uma temporalização distinta do pagamento da retribuição ao longo do ano, englobando

CONTRATO DE TRABALHO DESPORTIVO

até quatro prestações retributivas (as retribuições dos meses de junho e julho, bem como os subsídios de Natal e de férias) nas restantes, isto é, sendo a retribuição anual paga, no mínimo, em 10 prestações, de montante igual (n.º 4). Caso as partes assim o decidam, este fracionamento de certas prestações retributivas deve constar do documento escrito que titula o contrato, nos termos do n.º 3-*d*) do art. 6.º da presente lei. Naturalmente, as partes poderão estabelecer um fracionamento distinto, dentro dos limites da lei (p. ex., fracionar apenas o pagamento dos subsídios de Natal e de férias, sendo estes pagos em duodécimos, com a retribuição dos restantes 12 meses).

VI. A bondade da solução vertida neste n.º 4 é, a nosso ver, muito questionável. Ela vem, decerto, ao encontro do desejo de muitas entidades empregadoras desportivas, que em certos períodos de defeso (máxime no período estival) poderão ter receitas menores, mas o certo é que ela permite que, por mera estipulação contratual, o praticante aceite que o pagamento da retribuição sofra um hiato temporal que o poderá deixar em dificuldades, sobretudo tendo em conta que esta disposição não se aplica apenas ao futebol, nem apenas aos futebolistas de topo. Repare-se que, ao abrigo desta norma, o praticante desportivo que aceite o referido fracionamento poderá ficar três meses sem receber retribuição (de 5 de junho, data em que deverá ser paga a retribuição de maio, até 5 de setembro, data em que deverá ser paga a retribuição de agosto, pois as retribuições de junho e de julho terão sido englobadas nas restantes dez prestações anuais). Cremos que esta solução seria, eventualmente, pensável ao nível da contratação coletiva, mas não em sede de um diploma legal aplicável à generalidade dos contratos de trabalho desportivo.

VII. Sobre o subsídio de Natal e o subsídio de férias, *vd.* o disposto nos arts. 263.º e 264.º do CT.

VIII. Sendo a retribuição constituída por uma parte variável, mais propriamente por uma parte correspondente aos resultados desportivos obtidos (ex.: prémios de jogo), poderá essa parte ser paga no final do mês respetivo, mas podê-lo-á também ser juntamente com a remuneração do mês subsequente. Significa isto que determinado prémio de jogo efetuado, p. ex., a 10 de janeiro, não terá de ser pago juntamente com a retribuição desse mês, podendo sê-lo apenas com a retribuição de fevereiro, isto é, apenas no dia 5 de março. A solução legal, não impondo ao empregador o imediato pagamento deste tipo de prestações, não deixa, no entanto, de ser clarificadora: na hipótese acima formulada, não sendo o prémio de jogo liquidado juntamente com a retribuição de Fevereiro, a entidade empregadora ficará constituída em mora, com as respetivas consequências.

IX. A faculdade, concedida pela lei, de diferir o pagamento de uma parcela da retribuição do praticante para momento ulterior, decai em caso de acordo em contrário, devendo então a entidade empregadora liquidar essa parcela juntamente com a remuneração do mês em que os resultados desportivos foram conseguidos. Maiores dificuldades suscita a questão de saber se, por acordo das partes, a retribuição correspondente aos resultados desportivos obtidos poderá considerar-se vencida, p. ex., no final do 3.º mês subsequente àquele em que tais resultados se verificarem. Tudo depende da natureza que se entenda possuir esta norma: supletiva ou relativamente imperativa? No primeiro caso, o "acordo em contrário" a que alude o n.º 5 tanto poderá antecipar como diferir ainda mais o vencimento da referida retribuição; no segundo caso, o acordo em contrário servirá apenas para antecipar o respetivo vencimento. Julga-se, não sem algumas dúvidas, que o preceito em causa possui um carácter supletivo, não invalidando o acordo das partes tendente a diferir para momento ulterior o vencimento das mencionadas prestações retributivas.

Artigo 16.º – Período normal de trabalho

1 – Considera-se compreendido no período normal de trabalho do praticante desportivo:

a) O tempo em que o praticante está sob as ordens e na dependência da entidade empregadora desportiva, com vista à participação nas provas desportivas em que possa vir a tomar parte;

b) O tempo despendido em sessões de apuramento técnico, tático e físico e em outras sessões de treino, bem como em exames e tratamentos clínicos, com vista à preparação e recuperação do praticante para as provas desportivas;

c) O tempo despendido em estágios de concentração e em viagens que precedam ou se sucedam à participação em provas desportivas.

CONTRATO DE TRABALHO DESPORTIVO

2 – Não relevam, para efeito dos limites do período normal de trabalho previstos na lei geral, os períodos de tempo referidos na alínea c) do número anterior.

3 – A frequência e a duração dos estágios de concentração devem limitar-se ao que, tendo em conta as exigências próprias da modalidade e da competição em que o praticante intervém e a idade deste, deva ser considerado indispensável.

4 – Podem ser estabelecidas por convenção coletiva regras em matéria de frequência e de duração dos estágios de concentração.

I. "O tempo de trabalho que o trabalhador se obriga a prestar, medido em número de horas por dia e por semana, denomina-se período normal de trabalho", lê-se no art. 198.º do CT. Esta noção genérica foi concretizada, em sede de contrato de trabalho desportivo, pelo disposto nas alíneas do preceito ora anotado. Isto porque, em boa medida, a especificidade da atividade laboral desportiva consiste, justamente, numa peculiar distribuição da jornada laboral entre os treinos e a competição, de maneira semelhante a como os artistas dividem o seu tempo laboral entre os ensaios e as atuações perante o público ou representações. O período normal de trabalho do praticante desportivo compreende, portanto, não só o tempo de competição (al. *a)*), como o tempo de preparação/recuperação (al. *b)*), como ainda o tempo de estágios/viagens (al. *c)*) – numa palavra: o tempo de *heterodisponibilidade*.

II. O n.º 2 deste artigo afirma, no entanto, que o tempo de estágios/viagens, embora faça parte do período normal de trabalho do praticante, não será computado para efeitos de duração máxima do trabalho. Quer dizer: de acordo com a lei, o tempo de estágios/viagens é tempo laboral, mas, no fundo, é como se não fosse... Ou, talvez melhor: porque é tempo laboral, o praticante permanece adstrito à subordinação própria do contrato de trabalho; mas porque esse tempo não conta, o praticante não pode valer-se das regras limitativas da duração do trabalho... Infere-se do n.º 2, *a contrario*, que ao tempo de competição (n.º 1-*a*) e ao tempo de preparação/recuperação (n.º 1-*b*) se aplicam os limites do período normal de trabalho previstos na lei geral. Os períodos de competição, de preparação e de recuperação submetem-se, pois, aos limites máximos do período normal de trabalho previstos no art. 203.º do CT: oito horas por dia e quarenta horas por semana (n.º 1).

III. Por força do n.º 2 deste artigo, o tempo despendido em estágios de concentração e viagens escapa aos limites fixados no art. 203.º do CT, muito embora os estágios de concentração fiquem sujeitos a um *critério de indispensabilidade*: segundo o n.º 3 da presente norma, estes estágios "devem limitar-se ao que, tendo em conta as exigências próprias da modalidade e da competição em que o praticante intervém e a idade deste, deva ser considerado indispensável".

IV. Tratando-se de um ponto particularmente importante, e mesmo gravoso, para o praticante, e sendo certo que o juiz – ou, pelo menos, o primeiro juiz – daquela indispensabilidade é o treinador/responsável técnico, a lei apressa-se a esclarecer o óbvio: os limites dos estágios de concentração, no tocante à sua frequência e à sua duração, podem (dir-se-ia: devem) ser fixados por convenção coletiva (n.º 4).

V. A coberto da singularidade, aliás indesmentível, dos problemas suscitados pelo trabalho desportivo em matéria de duração do trabalho, o legislador adota aqui, como se vê, uma postura algo timorata: explicita, é certo, o que se deve entender por período normal de trabalho do praticante desportivo, mas logo esclarece que significativas parcelas desse tempo escapam aos limites máximos previstos na lei geral; não estabelece limites para a frequência e duração dos estágios de concentração, refugiando a sua consciência num critério de indispensabilidade dotado de escasso conteúdo preceptivo, até pela fluidez dos seus parâmetros, e limitando-se, aliás desnecessariamente, a devolver a questão para a contratação coletiva. A especificidade da atividade desportiva reclama, decerto, uma razoável dose de flexibilidade na regulamentação destas questões, sendo outrossim certo que se pode questionar se este regime não redundará, de algum modo, numa certa *overdose*.

Artigo 17.º – Férias, feriados e descanso semanal

1 – O praticante desportivo tem direito a um dia de descanso semanal, bem como ao gozo do período de férias previsto na lei, sem prejuízo de disposições mais favoráveis constantes de convenção coletiva de trabalho.

CONTRATO DE TRABALHO DESPORTIVO

2 – Quando tal seja imposto pela realização de provas desportivas, incluindo as não oficiais, o gozo do dia de descanso semanal transfere-se para data a acordar entre as partes ou, não havendo acordo, para o primeiro dia disponível.
3 – O disposto no número anterior é aplicável ao gozo de feriados obrigatórios ou facultativos.

I. O ordenamento jurídico-laboral comum estabelece dois princípios basilares em torno dos quais se estrutura a repartição semanal do trabalho: o princípio do descanso semanal e o princípio do descanso dominical (*vd.* o art. 232.º do CT): o trabalhador tem direito a descansar um dia por semana, devendo esse dia, em regra, ser o domingo. O primeiro dos referidos princípios é reafirmado pela norma em anotação, o mesmo não sucedendo com o segundo, por razões que bem se compreendem: o desporto-espetáculo, enquanto tal, requer público, assistência (ao vivo e, frequentemente, mediática), pelo que a competição ocorre, as mais das vezes, no(s) dia(s) de descanso dos restantes trabalhadores, designadamente ao domingo. Significa isto que, no domínio do contrato de trabalho desportivo, a regra acaba por ser a do descanso não-dominical, ou melhor, a do descanso no dia subsequente àquele em que se realiza a competição. Cumpre não esquecer, na verdade, que grande (crescente) número de trabalhadores tem direito, não só ao descanso semanal obrigatório, como ainda ao chamado descanso semanal complementar – meio-dia ("semana inglesa") ou um dia ("semana americana") –, em regra coincidente com o sábado. Em virtude disto, algumas competições desportivas vêm sendo antecipadas de domingo para sábado, permitindo que os praticantes desportivos gozem o seu descanso semanal ao domingo.

II. O praticante tem direito, *no mínimo*, a um dia de descanso semanal, podendo, evidentemente, a regulamentação coletiva de trabalho, bem como o contrato individual, ir além desse mínimo e alargar o período de descanso do praticante desportivo.

III. As exigências competitivas conflituam, como se viu, com o princípio do descanso dominical, impedindo a sua consagração em sede de contrato de trabalho desportivo. As mesmas exigências competitivas podem também impossibilitar o desfrute do próprio dia de descanso semanal, o qual será então transferido "para data a acordar entre as partes ou, não havendo acordo, para o primeiro dia disponível" (n.º 2).

IV. O princípio do descanso semanal mostra-se, portanto, um princípio flexível. Flexível mas, note-se, não preterível: o dia de descanso pode ser deslocado, não postergado, pode ser transferido, não suprimido – o descanso semanal é, aliás, objeto de um direito fundamental dos trabalhadores, *de todos os trabalhadores,* nos termos do art. 59.º/1-*d)* da CRP. De resto, o descanso semanal, satisfazendo em primeira linha, é certo, interesses e necessidades do praticante desportivo, não deixa por isso de vir também ao encontro dos interesses da entidade empregadora: o descanso permite ao praticante desportivo retemperar as suas forças, recuperando do desgaste físico e psicológico inerente à competição, condição *sine qua non* para uma boa *performance* desportiva.

V. Aos feriados obrigatórios refere-se o art. 234.º do CT. Segundo este artigo, "são feriados obrigatórios os dias 1 de janeiro, de Sexta- -Feira Santa, de Domingo de Páscoa, 25 de abril, 1 de maio, de Corpo de Deus, 10 de junho, 15 de agosto, 5 de outubro, 1 de novembro, 1, 8 e 25 de dezembro" (n.º 1). Nos termos do seu n.º 2, "o feriado de Sexta-Feira Santa pode ser observado em outro dia com significado local no período da Páscoa". O art. 235.º do CT, relativo aos feriados facultativos, determina que "além dos feriados obrigatórios, podem ser observados a título de feriado, mediante instrumento de regulamentação coletiva de trabalho ou contrato de trabalho, a terça-feira de Carnaval e o feriado municipal da localidade" (n.º 1). Acrescenta o n.º 2 que "em substituição de qualquer feriado referido no número anterior, pode ser observado outro dia em que acordem empregador e trabalhador". O praticante desportivo tem direito a estes feriados, podendo o respetivo gozo ser transferido para outro dia quando tal for exigido pela realização de provas desportivas, nos termos do n.º 3.

VI. No tocante ao direito a *férias,* o n.º 1 deste artigo remete para a lei geral, sem prejuízo do papel suplementar desempenhado pela contratação coletiva. Em princípio, nos termos do art. 238.º do CT, o período anual de férias tem a duração mínima de 22 dias úteis.

CONTRATO DE TRABALHO DESPORTIVO

Artigo 18.º – Poder disciplinar

1 – Sem prejuízo do disposto em convenção coletiva de trabalho, a entidade empregadora desportiva pode aplicar ao trabalhador, pela comissão de infrações disciplinares, as seguintes sanções:

a) Repreensão registada;

b) Sanção pecuniária;

c) Suspensão do trabalho com perda de retribuição;

d) Despedimento com justa causa.

2 – As sanções pecuniárias aplicadas a um praticante desportivo por infrações praticadas no mesmo dia não podem exceder metade da retribuição diária e, em cada época, a retribuição correspondente a 30 dias.

3 – A suspensão do trabalho não pode exceder, por cada infração, 10 dias e, em cada época, o total de 30 dias.

4 – A aplicação de sanções disciplinares deve ser precedida de procedimento disciplinar no qual sejam garantidas ao arguido as adequadas garantias de defesa.

5 – A sanção disciplinar deve ser proporcionada à gravidade da infração e à culpabilidade do infrator, não podendo aplicar-se mais de uma pena pela mesma infração.

6 – O procedimento disciplinar prescreve decorridos 180 dias contados da data em que é instaurado quando, nesse prazo, o praticante desportivo não seja notificado da decisão final.

I. O empregador tem poder disciplinar sobre o trabalhador ao seu serviço, enquanto vigorar o contrato de trabalho, conforme resulta do art. 98.º do CT. O catálogo de *sanções disciplinares* contido no n.º 1 do presente artigo – repreensão registada, sanção pecuniária, suspensão do trabalho com perda de retribuição e despedimento com justa causa – apenas em parte coincide com o previsto no n.º 1 do art. 328.º do CT, visto que deixa de fora a repreensão simples e a perda de dias de férias. A lei terá entendido que, em sede de trabalho desportivo, marcado por uma atuação constante do técnico ou treinador na orientação e preparação dos atletas, a simples repreensão faz parte dos usos do meio, não se autonomizando enquanto verdadeira sanção disciplinar. E a perda de dias de férias, numa atividade tão intensa e desgastante como é a atividade desportiva, seria também uma sanção inadequada neste domínio. Tudo isto, claro, sem prejuízo de a convenção coletiva de trabalho poder prever outras sanções disciplinares, desde que não prejudiquem os direitos e garantias do praticante desportivo, conforme dispõe o n.º 1 deste artigo.

II. Os *limites* estabelecidos no tocante à sanção pecuniária (n.º 2) e à suspensão do trabalho (n.º 3) afastam-se do disposto no art. 328.º, n.º 3, als. *a)* e *c)*, do CT: o limite para a sanção pecuniária aplicada a um praticante desportivo por infrações praticadas no mesmo dia foi fixado em metade da retribuição diária (no CT, esse limite corresponde a um terço da retribuição diária), sendo que o limite por cada época é idêntico ao do CT, correspondendo a 30 dias. Já a suspensão do trabalho do praticante desportivo não poderá exceder, por cada infração, 10 dias e, em cada época, o total de 30 dias, ao passo que, no CT, tais limites se encontram fixados, respetivamente, em 30 e 90 dias.

III. Entretanto, convém não esquecer que a sanção pecuniária é uma medida disciplinar, não podendo nem devendo traduzir-se num meio de ressarcimento ou, menos ainda, de locupletamento das entidades empregadoras. Como decorre do art. 330.º do CT, o produto das sanções pecuniárias reverterá integralmente para o serviço responsável pela gestão financeira da segurança social. Significa isto que a aplicação de multas/sanções pecuniárias de valor exorbitante aos praticantes desportivos, facto de que frequentemente se faz eco a imprensa especializada, padece de um duplo vício: por um lado, tais sanções excedem manifestamente os limites máximos legalmente fixados; por outro, não consta que o respetivo produto tenha saído dos cofres das entidades empregadoras desportivas...

IV. De acordo com o n.º 4, um procedimento disciplinar, enquanto conjunto de atos encadeados com vista ao apuramento dos factos, mostra-se condição *sine qua non* para a regular aplicação de qualquer sanção disciplinar. No decurso desse procedimento, conceder-se-ão ao arguido adequadas garantias de defesa, preservando-se sempre aquele último e incontornável reduto do direito disciplinar representado pelo *princípio do contraditório* – a sanção não poderá ser aplicada sem audiência prévia do praticante desportivo, isto é, sem que este seja ouvido e possa apresentar a sua defesa, de acordo, aliás, com o estabelecido no n.º 6 do art. 329.º do CT.

V. Caso a intenção da entidade empregadora, aquando da instauração do procedimento, seja a de despedir o praticante desportivo, deverá ser seguida a tramitação estabelecida nos arts. 352.º a 358.º do CT. Sublinhe-se, em particular, que a entidade empregadora deverá aqui, não só entregar ao praticante desportivo uma nota de culpa com a descrição circunstanciada dos factos que lhe são imputáveis, mas também comunicar-lhe a sua intenção de proceder ao despedimento, sem o que este será ilícito (*vd.* o art. 382.º do CT).

VI. Iniciado o procedimento disciplinar, a entidade empregadora desportiva poderá suspender a prestação do trabalho, se a presença do praticante desportivo se mostrar inconveniente, não lhe sendo porém lícito suspender o pagamento da retribuição, de acordo com o art. 329.º, n.º 5, do CT (temos aqui a chamada "suspensão preventiva").

VII. No n.º 5 consagram-se dois princípios fundamentais do direito disciplinar, também enunciados no n.º 1 do art. 330.º do CT: o da proporcionalidade e o do *non bis in idem*. Mas é óbvio, no que a este último princípio diz respeito, que a mesma conduta pode violar várias normas de natureza diferente, pode, em particular, violar normas jurídico-desportivas e normas jurídico-laborais, dando origem a uma duplicidade de sanções que em nada ofende o *non bis in idem*.

VIII. O n.º 6 é expressão do chamado *princípio da celeridade*, através do qual se procura evitar que o trabalhador fique sujeito, por largo tempo, à ameaça de vir a ser punido pelo empregador. Este último princípio compreende diversas dimensões, a saber: *i)* o direito de exercer o poder disciplinar prescreve um ano após a prática da infração, ou no prazo de prescrição da lei penal se o facto constituir igualmente crime (n.º 1 do art. 329.º do CT); *ii)* o procedimento disciplinar deve iniciar-se nos 60 dias subsequentes àquele em que o empregador, ou o superior hierárquico com competência disciplinar, teve conhecimento da infração (n.º 2 do art. 329.º); *iii)* o procedimento disciplinar prescreve decorrido 180 dias contados da data em que é instaurado quando, nesse prazo, o praticante desportivo não seja notificado da decisão final (no CT, esse limite é de um ano, nos termos do n.º 3 do seu art. 329.º); *iv)* a aplicação da sanção deve ter lugar nos três meses subsequentes à decisão, sob pena de caducidade (n.º 2 do art. 330.º do CT). Trata-se, na ótica do legislador, de criar balizas temporais nesta matéria, em ordem a proteger o trabalhador face à virtual eternização da ameaça de uma punição disciplinar.

IX. Sobre o que se deva entender por época desportiva, *vd.* o n.º 6 do art. 9.º.

CAPÍTULO IV – Cedência e transferência de praticantes desportivos

Artigo 19.º – Liberdade de trabalho

1 – São nulas as cláusulas inseridas em contrato de trabalho desportivo visando condicionar ou limitar a liberdade de trabalho do praticante desportivo após o termo do vínculo contratual.

2 – Pode ser estabelecida por convenção coletiva a obrigação de pagamento à anterior entidade empregadora de uma justa compensação a título de promoção ou valorização de um jovem praticante desportivo, por parte da entidade empregadora que com esse praticante venha a celebrar um contrato de trabalho desportivo, após a cessação do anterior.

3 – A convenção coletiva referida no número anterior é aplicável apenas em relação às transferências de praticantes que ocorram entre entidades empregadoras portuguesas com sede em território nacional.

4 – O valor da compensação referida no n.º 2 não poderá, em caso algum, afetar de forma desproporcionada, na prática, a liberdade de contratar do praticante.

5 – A validade e a eficácia do novo contrato não estão dependentes do pagamento da compensação devida nos termos do n.º 2.

6 – A compensação a que se refere o n.º 2 pode ser satisfeita pelo praticante desportivo.

7 – Não é devida a compensação referida no n.º 2 quando o contrato de trabalho desportivo seja resolvido com justa causa pelo praticante ou quando este seja despedido sem justa causa.

8 – Nas modalidades em que, por inexistência de interlocutor sindical, não seja possível celebrar convenção coletiva, a compensação a que se refere o n.º 2 pode ser estabelecida por regulamento federativo.

CONTRATO DE TRABALHO DESPORTIVO

I. O objetivo assumido pelo n.º 1 desta norma – a nosso ver, uma das disposições mais marcantes deste diploma, na linha do já consagrado na Lei n.º 28/98 – consiste em garantir a liberdade de trabalho do praticante desportivo, assegurando que este, após a extinção do anterior vínculo contratual (e qualquer que seja a forma de extinção do mesmo), será livre para celebrar novo contrato de trabalho desportivo com a entidade empregadora que quiser e em condições livremente acordadas com esta última. Assim, e por força desta norma proibitiva, serão nulas, em sede de contrato de trabalho desportivo, cláusulas tais como o *pacto de não concorrência* ou o *pacto de preferência*. E, segundo certa visão das coisas, esta norma tornaria igualmente nulos os chamados *pactos de opção*. Vejamos.

II. O n.º 1 opõe-se, de forma inequívoca, à inserção no contrato de trabalho desportivo de uma qualquer *cláusula de não concorrência*, nos termos da qual o praticante desportivo se comprometa a não exercer a sua atividade profissional durante um certo período de tempo após a cessação do respetivo contrato de trabalho. O nosso ordenamento jurídico-laboral comum admite a figura do pacto de não concorrência, ainda que com muitas cautelas e limites (*vide*, a este propósito, o disposto no art. 136.º do CT), o que bem se compreende visto que esta figura surge em claro contraste com o princípio da liberdade de trabalho. Em sede de contrato de trabalho desportivo não há, porém, lugar para dúvidas, tendo em conta a proibição categórica contida neste n.º 1: qualquer cláusula de não concorrência (através da qual, por exemplo, o praticante se comprometa a não representar o clube A ou o clube B, após a cessação do atual contrato de trabalho), enquanto cláusula que, por definição, visa «condicionar ou limitar a liberdade de trabalho do praticante desportivo após o termo do vínculo contratual», será nula.

III. *Pactos de preferência* são, nas palavras de Antunes Varela, os «contratos pelos quais alguém assume a obrigação de, em igualdade de condições, escolher determinada pessoa (a outra parte ou terceiro) como seu contraente, no caso de se decidir a celebrar determinado negócio». É o que sucede, por exemplo, se o praticante desportivo *A* celebrar com o clube *B* um contrato de trabalho, pelo prazo de duas épocas desportivas, sendo inserida neste contrato uma cláusula nos termos da qual, decorridas que sejam essas duas épocas e expirado o respetivo prazo, *A* ficará obrigado a conceder preferência a *B* para seu futuro parceiro contratual. Deste modo, *A* vincula-se a, em igualdade de condições, escolher *B* de preferência a qualquer outro clube. Ou, vendo as coisas sob outro prisma, *A* compromete-se a não contratar com um terceiro clube, se *B* estiver disposto a contratar em iguais condições.

IV. Tendo em conta o exposto, é indiscutível que o pacto de preferência condiciona a liberdade de contratar do promitente/praticante desportivo, situando-se, por conseguinte, em flagrante rota de colisão com o n.º 1 do presente artigo. A isto poder-se-á objetar alegando que, para o praticante, um tal pacto não se projeta negativamente em sede remuneratória, pois a preferência só vale «tanto por tanto», nas mesmas condições. Independentemente da circunstância de semelhante tese da «indiferença remuneratória» do pacto de preferência não corresponder, ou nem sempre corresponder, à realidade, o certo, em qualquer caso, é que as exigências ligadas à liberdade de trabalho vão muito mais longe (dir-se-ia: muito mais fundo) do que isso, não se circunscrevendo a aspetos de ordem patrimonial: a liberdade de trabalho do praticante postula a liberdade de escolher o clube/empregador; postula, inclusive, a liberdade de escolher um clube que ofereça *piores* condições remuneratórias (mas que, porventura, ofereça melhores condições desportivas, humanas, ambientais, educacionais, etc.); e, por maioria de razão, pressupõe também a liberdade de, em *igualdade de condições,* optar por aquele que entenda. Ora, estas irrecusáveis dimensões da liberdade de trabalho do praticante desportivo são cerceadas através da figura do pacto de preferência, pelo que este deverá ter-se como nulo.

V. Muito embora o nosso CCivil lhe não faça qualquer referência expressa, nem por isso a doutrina nacional tem deixado de traçar os contornos do *pacto de opção*. Este consiste, segundo Almeida Costa, «no acordo em que uma das partes se vincula à respetiva declaração de vontade negocial, correspondente ao negócio visado, e a outra tem a faculdade de aceitá-la ou não, considerando-se essa declaração da primeira uma proposta irrevogável». Através do pacto de opção, uma das partes vincula-se completamente, deixando-se à outra inteira liberdade para

CONTRATO DE TRABALHO DESPORTIVO

vir a aderir, ou não, àquela proposta contratual. A parte vinculada fica colocada numa situação de sujeição, conferindo o pacto de opção ao seu titular um autêntico direito potestativo: o direito potestativo de concluir o contrato, aceitando a proposta emitida pela outra parte, mediante o exercício do constituído direito de opção.

VI. Remontando as origens do pacto de opção ao contrato de compra e venda (aí surgindo o pacto de opção como convénio autónomo no *iter* formativo deste contrato), o certo é que a sua esfera de incidência potencial é hoje muito vasta, incluindo relações de tipo obrigacional (como a locação e, porventura, o contrato de trabalho). Ora, sabendo-se que as convenções atributivas de um direito de opção podem traduzir--se numa cláusula acessória de um contrato principal, a pergunta que se coloca é a seguinte: poderá o pacto de opção constar de uma cláusula do contrato de trabalho desportivo, tendo em vista o futuro relacionamento contratual entre as partes? Qualquer leitor, ainda que pouco atento, da imprensa desportiva sabe que esta não é, longe disso, uma questão meramente académica. O pacto de opção é profusamente utilizado no mundo do desporto profissional, em particular no futebol, existindo até clubes, segundo se lê na referida imprensa, que o adotam como instrumento fulcral da sua «política de gestão de pessoal», apenas contratando praticantes com reserva de um direito de opção.

VII. Eis, pois, a questão a dilucidar: tendo presente o regime jurídico do contrato de trabalho do praticante desportivo, serão admissíveis estes «pactos de renovação»? Poder-se-á atribuir à entidade empregadora um tal direito de prorrogação do prazo de um contrato de trabalho desportivo? Tomemos mais um exemplo: suponhamos que o praticante desportivo *A* celebra um contrato de trabalho pelo prazo de duas épocas com o clube *B*, com opção a favor deste último por mais uma época. Não oferece dúvida que um acordo deste jaez coloca *B* numa posição extremamente favorável relativamente a *A*. Este vincula-se por três épocas, aquele por apenas duas. No termo da 2.ª época, *A* encontra-se comprometido, *B* livre de compromissos: com efeito, na data assinalada o clube poderá exercer o seu direito de opção (assegurando a manutenção do vínculo contratual, porventura contra a vontade do praticante), ou não o exercer (fazendo cessar o contrato, em cuja continuidade o praticante poderá estar interessado) – em suma, o praticante nem recupera a sua liberdade no termo da 2.ª época de contrato, nem tem garantida a sua ligação ao clube até ao termo da 3.ª época. *Quid iuris?*

VIII. Como vimos, o n.º 1 deste artigo considera nulas as cláusulas inseridas em contrato de trabalho desportivo visando condicionar ou limitar a liberdade de trabalho do praticante *após o termo do vínculo contratual.* Ora, alegar-se-á, esta disposição legal não releva em sede de pacto de opção, visto que, através deste, o que está em jogo é a própria *duração* da vinculação contratual do praticante, tratando-se de saber, tão-só, quando termina tal vínculo – registe-se que, na lição de Baptista Machado, semelhante pacto de opção confere ao seu beneficiário um direito potestativo *modificativo:* o direito de prorrogação unilateral da relação contratual que atinge o seu termo. Deste modo, e retomando o exemplo acima indicado, o que acontece é que o exercício do direito de opção por parte de *B* fará com que o vínculo contratual apenas se extinga no termo da 3.ª época desportiva, e não no termo da 2.ª época, pelo que a liberdade de trabalho tutelada pelo art. 19.º/1 da presente lei – uma liberdade de trabalho, dir-se-ia, «pós-contratual» – não se verá afetada pelo pacto de opção.

IX. Ainda que assim seja, e como melhor veremos *infra*, em anotação ao art. 42.º (para onde nos permitimos remeter o leitor), tal de modo nenhum significa, por si só, que este pacto de opção se mostre conforme com o nosso ordenamento jurídico. De todo o modo, cumpre salientar que as cláusulas de opção do género da acima exemplificada têm sido consideradas nulas, entre nós, justamente por violação do preceito correspondente ao art. 19.º, n.º 1, da presente lei (o art. 18.º, n.º 1, da Lei n.º 28/98) – neste sentido, *vide* o Acórdão da CAP no chamado "caso N'Doye" (Acórdão de 28-03-2008), bem como, mais recentemente, a sentença do Tribunal do Trabalho de Penafiel, no caso "Luiz Carlos" (sentença de 25-02-2013), em que, repete-se, tais cláusulas de opção foram declaradas nulas pelo tribunal, por violação da norma proibitiva constante do art. 18.º/1 da Lei n.º 28/98, idêntica ao atual art. 19.º/1.

CONTRATO DE TRABALHO DESPORTIVO

X. O n.º 2 do presente artigo não deixa, entretanto, de dar guarida a uma figura indiscutivelmente limitativa da liberdade de trabalho do praticante desportivo: a chamada *compensação de promoção ou valorização*. A compensação prevista neste n.º 2 traduz-se, basicamente, nisto: extinto o contrato de trabalho desportivo, o praticante goza, em princípio, da liberdade de celebrar um novo contrato com qualquer outra nova entidade empregadora desportiva; verificados que sejam certos requisitos, esta poderá, porém, ficar vinculada a pagar à anterior entidade empregadora uma "justa compensação", a título de promoção ou valorização daquele.

XI. O fundamento desta figura parece reconduzir-se a duas ideias basilares: a de reembolso de despesas e a de incentivo à formação. Com efeito, financiando um clube a formação de certo desportista, o seu apetrechamento físico e técnico, suportando os custos inerentes a todo esse processo formativo, considera-se lógico e razoável, se observados determinados limites, que aquele seja compensado dessas despesas se o praticante vier a ser contratado por outro clube, dado que este último será o beneficiário da ação formativa desenvolvida pelo anterior. Mais do que numa ideia de *promoção* ou de *valorização* – pois se o clube promove e/ou valoriza o praticante, a inversa também é verdadeira, tudo se analisando em consequências normais da execução do contrato de trabalho –, esta compensação encontra arrimo na ideia de *formação*, procurando assegurar a coincidência entre clube-formador e clube-beneficiário da formação, ou, quando tal não se verifique, que aquele seja compensado por este.

Por outro lado, alega-se ainda em defesa desta compensação que ela se traduz num mecanismo de tutela dos clubes menos poderosos, com menores recursos financeiros, para os quais constitui, por vezes, um autêntico "balão de oxigénio"; e, repete-se, representa um forte incentivo para que os clubes, qualquer que seja a sua dimensão, invistam na formação, apostem nas chamadas "camadas jovens", o que só poderá acarretar benefícios para a competição e, em geral, promover a prática desportiva.

XII. A este propósito, merece destaque a inovação da presente lei, que expressamente restringe a possibilidade de esta compensação, a título de promoção ou valorização, ser estabelecida em relação a um *jovem* praticante desportivo. Ao circunscrever esta figura aos jovens praticantes, e conquanto a noção de jovem seja ambígua e possa até oscilar em função da modalidade desportiva de que se trate, a lei dá um sinal inequívoco de que o que aqui se pretende, com este mecanismo, é dar algum incentivo à formação desportiva, *lato sensu*, e conceder alguma tutela às entidades empregadoras desportivas que concedem essa formação ao jovem praticante.

XIII. Como é óbvio, esta compensação não diz diretamente respeito ao jovem praticante desportivo. Este não ostenta, em relação a ela, nem a qualidade de credor, nem a condição de devedor, pelo que, *prima facie*, esta é uma matéria que o ultrapassa, que o transcende. O certo, porém, é que a compensação lhe diz respeito de forma indireta, repercutindo-se na sua esfera de modo tão inequívoco quanto intenso. Na verdade: *i)* a compensação limita a liberdade de contratar do praticante, dificultando o seu reemprego ao atuar como fator de retração da procura, ou seja, ao poder levar clubes a não contratarem esse jovem atleta quando, não sendo essa compensação devida, estariam interessados em admiti-lo no seu plantel; *ii)* a compensação incide negativamente sobre a remuneração do praticante, diminuindo o seu *bargaining power*, isto é, fragilizando a sua posição negocial. Com efeito, a compensação tende a afugentar a concorrência, e sabe-se que, escasseando a procura, a oferta perde valor, diminuindo o seu preço: se a compensação se mostrar suficiente para afastar a procura, então o praticante ver-se-á constrangido a renovar o vínculo com o anterior clube, fazendo-o, como é óbvio, numa situação debilitada, que dificilmente lhe permitirá ir muito longe no capítulo das reivindicações; se a compensação não lograr afastar a procura, verificando-se mesmo a sua transferência para outro clube, este decerto não deixará de levar em conta o encargo representado por aquela compensação aquando da fixação do *quantum* salarial a pagar ao praticante.

Em suma: a compensação em análise condiciona a liberdade de trabalho do praticante, colocando entraves à sua liberdade de mudar de clube/empregador após a extinção do contrato, e, haja renovação ou transferência, tende a reduzir o valor da prestação remuneratória a cargo da entidade empregadora.

CONTRATO DE TRABALHO DESPORTIVO

XIV. Em princípio, segundo o n.º 2 do presente artigo, a obrigação de pagamento da referida compensação poderá ser estabelecida através de *convenção coletiva de trabalho*. A lei coloca-se, assim, sob reserva de regulamentação coletiva – a lei não institui a compensação, limita-se a possibilitá-la, pelo que, na ausência daquela regulamentação, a norma legal carece de eficácia (isto, ressalve-se, sem prejuízo do disposto no n.º 8).

XV. A lei não deixa, entretanto, de colocar limites à regulamentação coletiva, seja no que respeita ao montante, seja no tocante às consequências do não pagamento da referida compensação: assim, e de acordo com o n.º 4, o seu valor não poderá afetar de forma desproporcionada, na prática, a liberdade de contratar do praticante (requisito, sem dúvida, de difícil determinação, mas nem por isso insuscetível de sindicação judicial); segundo o n.º 5, o não pagamento da compensação não prejudicará a validade e a eficácia do novo contrato de trabalho desportivo. Respeitados os limites legais, a regulamentação coletiva poderá incidir sobre matérias tão variadas como a dos pressupostos da compensação (estabelecendo, desde logo, uma idade-limite e assim concretizando a noção de jovem praticante), dos critérios para apurar o respetivo montante, das consequências do seu não pagamento para o clube inadimplente, etc.

XVI. Nos termos do n.º 6, a compensação pode ser paga pelo jovem praticante desportivo em causa. Dir-se-ia, pois, que o valor dessa compensação representa o preço da sua liberdade, a qual poderá ser comprada pelo praticante, assim obtendo este a sua carta de alforria.

XVII. Segundo o disposto no n.º 7, a compensação não será devida quando o contrato de trabalho desportivo seja resolvido com justa causa pelo praticante ou quando este seja despedido sem justa causa pela entidade empregadora desportiva. O legislador considera que nestes casos, em que a entidade empregadora desportiva incorre em incumprimento contratual grave e culposo ou promove o despedimento ilícito do praticante, a limitação da liberdade de trabalho deste último, representada pela referida compensação, se revelaria intolerável e injustificada.

XVIII. O n.º 3 determina que esta «justa compensação, a título de promoção ou valorização de um jovem praticante desportivo», apenas será aplicável em relação às transferências de praticantes que ocorram entre entidades empregadoras portuguesas com sede em território nacional. Trata-se, de alguma forma, de uma norma legal que tenta colocar esta compensação a salvo do famoso "Acórdão Bosman", do TJUE, de 15-12-1995, nos termos do qual «o artigo 48.º do Tratado CEE opõe-se à aplicação de regras adotadas por associações desportivas nos termos das quais um jogador profissional de futebol nacional de um Estado-Membro, no termo do contrato que o vincula a um clube, só pode ser contratado por um clube de outro Estado-Membro se este último pagar ao clube de origem uma indemnização de transferência, de formação ou de promoção». Segundo o "Acórdão Bosman", as referidas "indemnizações de transferência, de formação ou de promoção", tal como existiam à época, constituíam um entrave injustificado à livre circulação dos trabalhadores/futebolistas no espaço da União Europeia.

XIX. Ora, como aquilo que o Tratado da UE proíbe, e aquilo que o TJUE censurou no caso Bosman, são os entraves à livre circulação dos trabalhadores/futebolistas *entre os Estados-membros* (isto é, interestadual) e não já os entraves à livre circulação *dentro de cada Estado-membro* (ou seja, intra-estadual), não sendo as chamadas "situações puramente internas", vale dizer, as atividades cujos elementos se circunscrevam ao território de um único Estado-membro, cobertas pelo princípio comunitário da livre circulação dos trabalhadores, compreende-se a cautela do nosso legislador, manifestada através do n.º 3 do presente artigo, tentando colocar a figura da «compensação de promoção ou valorização» a salvo dos efeitos corrosivos daquele princípio da livre circulação dos trabalhadores.

XX. Em todo o caso, e como já se disse, esta compensação analisa-se num expediente inequivocamente condicionador da liberdade de trabalho. E a liberdade de trabalho é, entre nós, um direito fundamental, perfilando-se mesmo como um dos direitos, liberdades e garantias consagrados pela CRP (*vd.* o seu art. 47.º/1). É compreensível, por isso, que se suscitem dúvidas no tocante à conformidade constitucional desta norma. Tudo visto e ponderado, não estaremos aqui perante uma restrição desproporcionada (=excessiva) da liberdade de trabalho do praticante desportivo? Na resposta a esta questão, importa, antes de mais,

CONTRATO DE TRABALHO DESPORTIVO

não esquecer que a disposição legal em causa se coloca sob reserva de convenção coletiva. Com efeito, o art. 19.º/2 não institui, ele próprio, a referida compensação, antes limita-se a torná-la possível, a viabilizá--la, pelo que, repete-se, na ausência de convenção coletiva de trabalho aquela norma carece de eficácia. Ou seja, a «compensação de promoção ou valorização» existirá, tão-só, *se* for estabelecida em CCT e *nos termos* acordados no convénio coletivo. Mais do que a lei, será a convenção coletiva que, criando e modelando a referida compensação, poderá vulnerar a liberdade de trabalho constitucionalmente consagrada.

XXI. A nosso ver, tudo irá então depender da forma como a convenção coletiva de trabalho vier a regulamentar esta matéria. De que modo vai ser aproveitada a luz verde dada pelo legislador? Que critérios irão ser estabelecidos para apurar o montante da «compensação de promoção ou valorização»? Em que situações, e verificando-se que pressupostos, poderá tal compensação ser reclamada pela entidade empregadora desportiva *a quo?*

No que ao seu montante diz respeito, já vimos que a lei não deixa de advertir que o seu valor não poderá, em caso algum, afetar de forma desproporcionada, na prática, a liberdade de contratar do praticante (n.º 4). Quanto aos contornos dessa compensação, porém, a lei pouco diz. Pela nossa parte, repetimos, apenas descortinamos um fundamento juridicamente bastante em ordem a justificar a exigência de uma tal compensação: o reembolso de despesas formativas, a contrapartida da formação desportiva ministrada ao jovem praticante. Uma coisa é, na verdade, um sistema de «indemnizações de transferência»; outra, bastante diferente, será uma «compensação pela formação». Num sistema de «indemnizações de transferência», estas serão devidas, em princípio, em qualquer transferência do praticante desportivo e não apenas aquando da sua transferência do clube formador para outro, acompanhando, eventualmente, toda a vida profissional do praticante (podendo mesmo abranger, por exemplo, um futebolista já com idade superior a 30 anos). Num sistema de «compensação de formação», tratar-se-á, tão-só, de compensar o clube que forma um jovem praticante profissional e que acaba por não colher os frutos desse trabalho de formação, em virtude da sua prematura transferência para um outro clube.

XXII. O art. 19.º/2 da presente lei permite a instituição, por via convencional, de uma «compensação de promoção ou valorização». Na nossa ótica, se a autonomia coletiva for aqui utilizada no sentido de dar vida a um qualquer sistema de «indemnizações de transferência» (já censurado, a nível europeu, aquando do Acórdão Bosman), cair-se-á numa injustificada restrição da liberdade de trabalho do praticante desportivo e as correspondentes cláusulas convencionais estarão feridas de inconstitucionalidade. Se, ao invés, o poder normativo convencional for aqui exercido judiciosamente, limitando-se a gerar a figura de uma moderada e circunscrita «compensação pela formação», tais cláusulas convencionais já poderão sobreviver ao teste constitucional, sem dificuldades de maior.

XXIII. A presente lei refere-se, de modo expresso, à «compensação por formação» no seu art. 34.º (norma incluída no capítulo dedicado ao contrato de formação desportiva), para os casos em que o praticante desportivo celebre o seu primeiro contrato de trabalho como profissional com entidade empregadora distinta da entidade formadora. Digamos que, a nosso ver, a «compensação de promoção ou valorização» viabilizada pelo art. 19.º/2 só será constitucionalmente admissível caso se perfile como um *mecanismo complementar* relativamente à «compensação por formação» prevista no art. 34.º. Assim, e dando um exemplo, imagine-se que um praticante celebra um contrato de trabalho com a idade de 16 anos, pelo período de duas épocas desportivas; caducando este contrato quando o praticante tem apenas 18 anos, afigura-se perfeitamente defensável estabelecer a obrigatoriedade de pagamento de uma compensação (de valor razoável e moderado) a cargo do clube *ad quem,* na hipótese de se verificar uma transferência do praticante. Afinal, também aqui o clube de procedência formou o praticante, física, técnica e taticamente, formação esta de que irá beneficiar a sua nova entidade empregadora desportiva. Com efeito, se no contrato de formação o clube proporciona ao praticante uma formação/instrução («Ausbildung») desportiva, dir-se-á que quando o praticante celebra o seu primeiro contrato de trabalho desportivo estaremos ainda perante um contrato de trabalho necessariamente marcado por uma nota de formação/aperfeiçoamento («Fortbildung») daquele. E, cremos, em ambas as hipóteses o clube formador (*hoc sensu*) deverá ser reembolsado, caso os frutos do seu labor formativo venham a ser colhidos por outrem.

XXIV. Não se olvide, de resto, que o próprio art. 79.º da CRP declara incumbir ao Estado, em colaboração com as associações e coletividades desportivas, promover, estimular, orientar e apoiar a prática e a difusão da cultura física e do desporto. Ora, é inegável que o estabelecimento da aludida «compensação pela formação» representa um forte incentivo para que os clubes apostem nas chamadas «camadas jovens» e invistam na formação de desportistas, com reflexos benéficos que vão muito para além do restrito âmbito do desporto profissional e que se traduzem na promoção da prática desportiva a todos os níveis, em correspondência com o prescrito no art. 79.º da CRP. Neste sentido, formar desportistas configura-se como um bem jurídico que deve ser adequadamente tutelado pelo ordenamento.

XXV. Por isso mesmo, compreende-se a inovação legislativa contida no n.º 8 deste preceito: ainda que a contratação coletiva seja a via privilegiada para estabelecer a referida compensação, casos há em que, por não haver associação sindical no setor, não se torna juridicamente possível celebrar qualquer convenção coletiva; quando assim for – e, note-se bem, só quando assim for e enquanto assim for –, a lei devolve a referida competência à federação desportiva em causa, podendo a justa compensação de promoção ou valorização do jovem praticante ser estabelecida por via de regulamento federativo. Trata-se de uma inovação de grande alcance prático, dado que, até ao momento, apenas existe no nosso país uma associação sindical representativa dos praticantes desportivos no âmbito do futebol. Nas outras modalidades, infelizmente, ainda não existem sindicatos, logo não existe contratação coletiva, logo as federações desportivas poderão regular esta matéria, ao abrigo do n.º 8 deste artigo.

Artigo 20.º – Cedência do praticante desportivo
1 – Na vigência do contrato de trabalho desportivo é permitida, havendo acordo das partes, a cedência do praticante desportivo a outra entidade.
2 – A cedência consiste na disponibilização temporária de praticante desportivo pela entidade empregadora, para prestar trabalho a outra entidade, a cujo poder de direção aquele fica sujeito, mantendo-se o vínculo contratual inicial.

3 – Cedente e cessionário são solidariamente responsáveis pelo pagamento das retribuições do praticante desportivo que se vencerem no período em que vigore a cedência.

4 – Em caso de não pagamento pontual da retribuição, o praticante deve comunicar o facto à parte não faltosa, no prazo de 45 dias contados a partir do respetivo vencimento, sob pena de desresponsabilização desta.

I. O instituto da *cedência do praticante desportivo*, regulado nos arts. 20.º e 21.º da presente lei, traduz-se naquilo que vulgarmente se designa por «empréstimo» do praticante desportivo, isto é, a sua cedência (*rectius:* a cedência da disponibilidade da sua força de trabalho, a qual é inseparável da pessoa do praticante) temporária a um terceiro. Conforme decorre do n.º 2 deste artigo, a cedência consiste num contrato através do qual uma entidade empregadora cede provisoriamente a uma outra determinado(s) trabalhador(es), conservando, no entanto, o vínculo jurídico-laboral que com ele(s) mantém e, daí, a sua qualidade de empregador. Ao invés do que sucede na cessão da posição contratual (figura regulada nos arts. 424.º e ss. do CCivil), aqui o empregador-cedente não sai de cena, muito embora a presença de um novo ator (o cessionário) implique uma redistribuição de papéis entre um e outro. Ao empregador-cedente junta-se, pois, o utilizador-cessionário, operando-se uma inevitável cisão na esfera de atributos daquele, com a consequente deslocação de poderes e deveres patronais para entidade distinta daquela que celebrou o contrato de trabalho desportivo.

II. A cedência de trabalhadores é um instituto que merece escassa simpatia da parte do nosso ordenamento jurídico-laboral comum. O princípio que vigora é mesmo o da sua proibição, de acordo com o art. 129.º/1-*g)* do CT, norma segundo a qual é proibido ao empregador, «ceder trabalhador para utilização de terceiro, salvo nos casos previstos neste Código ou em instrumento de regulamentação coletiva de trabalho» (o CT não deixa, ainda assim, de admitir e regular a figura da cedência ocasional de trabalhador, nos seus arts. 288.º a 293.º, mas em moldes algo limitativos). Bem poderá dizer-se, contudo, que, também aqui, a especificidade do trabalho desportivo se repercutiu fortemente no respetivo regime jurídico, sendo o supramencionado princípio da proibição da cedência substituído pelo seu oposto, o princípio da permissão, consagrado no n.º 1 deste artigo.

III. A figura do «empréstimo» do praticante encontra-se, com efeito, muito arreigada no universo desportivo, surgindo como um expediente apto para satisfazer os interesses de todas as partes envolvidas. Alega--se, sobretudo, que através da cedência: *i)* a entidade empregadora cedente reduz as despesas com o respetivo plantel de desportistas profissionais, ao mesmo tempo que aposta na formação e valorização do praticante cedido, aposta que, mais tarde, lhe poderá trazer consideráveis benefícios, tanto de ordem desportiva como de ordem financeira; *ii)* o praticante desportivo cedido furta-se aos graves inconvenientes de uma mais que provável inatividade competitiva no clube cedente, assim logrando competir com regularidade (isto é, efetuar a chamada «rodagem»), aspeto fundamental para a melhoria da qualidade da sua prestação desportiva; *iii)* o utilizador cessionário, via de regra um clube de menores dimensões do que o cedente, consegue os serviços de praticantes desportivos muitas vezes promissores a baixos custos, ainda que apenas a título transitório. Neste contexto de interesses convergentes, compreende-se sem dificuldade que o legislador não tenha adotado, em sede de contrato de trabalho do praticante desportivo, a postura algo restritiva da lei geral.

IV. A cedência do praticante desportivo dá-se através de um negócio jurídico que parece perfilar-se como um negócio *trilateral,* e não bilateral. Essencial é, portanto, o consenso das três partes envolvidas, cedente, cessionário e cedido, como aliás resulta do n.º 1 deste artigo – a cedência é permitida, segundo aí se lê, «havendo acordo das partes» – e, sobretudo, do disposto no n.º 2 do art. 21.º, onde se prevê que «do contrato de cedência deve constar declaração de concordância do praticante desportivo cedido». O acordo do praticante traduz-se, pois, em uma declaração de vontade imprescindível para a perfeição do contrato de cedência, conceção esta que, aliás, cremos ser aquela que melhor se compagina com a imperiosa necessidade de evitar que o «empréstimo» do atleta se volva em empréstimo, *tout court,* com a consequente reificação do praticante desportivo.

V. A exigência do seu acordo para a cedência constitui uma importante garantia para o praticante desportivo: a garantia de que, confrontado com uma concreta hipótese de cedência (para determinado clube, por certo tempo, em dadas condições), o praticante terá escolha, terá a faculdade de a rejeitar, mantendo-se ao serviço da sua entidade empregadora. É óbvio, porém, que esta garantia resultará completamente frustrada no caso de ser inserida no contrato de trabalho uma cláusula nos termos da qual o praticante se comprometa a aceitar a sua cedência a outra entidade, se e quando tal for pretendido pela entidade empregadora. Através de semelhante consentimento apriorístico e indiscriminado, antecipado e genérico, o praticante colocar-se-ia inteiramente à mercê do clube empregador, renunciando a um direito que a lei lhe confere – o de recusar/vetar uma hipotética cedência que não seja do seu agrado –, o que redunda, inelutavelmente, na nulidade dessa cláusula contratual.

VI. O contrato de cedência deverá conter várias indicações, entre elas a respeitante à *duração da cedência*. Ora, no atinente a esta questão, há que distinguir dois grandes grupos de hipóteses, a saber: *i)* o praticante desportivo celebra contrato de trabalho por cinco épocas e, pouco tempo depois, é cedido a terceiro por duas épocas: trata-se, digamos, da modalidade normal de cedência, marcada pelas notas da transitoriedade e da reversibilidade – a cedência tem uma duração predeterminada e, decorrido esse lapso de tempo, o praticante retomará a sua atividade no seio da entidade empregadora cedente; *ii)* o praticante celebra contrato de trabalho por três épocas e, uma época mais tarde, é cedido a terceiro por duas épocas: depara-se-nos aqui uma modalidade algo anómala de cedência, marcada, é certo, pela nota da transitoriedade, mas não já pela da reversibilidade – pois o termo da cedência coincide com o termo do contrato de trabalho desportivo, falecendo aqui, *prima facie,* qualquer expetativa de retorno do praticante ao clube cedente.

VII. Dando embora azo a alguma perplexidade, o certo é que esta segunda modalidade de cedência tem a sua razão de ser, *maxime* se não descurarmos o disposto no art. 19.º, n.º 2, desta lei. Com efeito, não obstante a caducidade do contrato de trabalho (e do contrato de cedência), pode permanecer uma certa ligação, dir-se-ia que preferencial, entre

CONTRATO DE TRABALHO DESPORTIVO

um jovem praticante desportivo e a entidade cedente. Esta encontrar-se-á em posição privilegiada para celebrar novo contrato com aquele, visto que, se qualquer outro clube pretender contratar o praticante, poderá ter de desembolsar a chamada «compensação de promoção ou valorização». O clube cedente poderá assim ter interesse em ceder temporariamente o praticante, ainda que por período igual ao tempo de vida do respetivo contrato de trabalho: expirando o prazo estipulado, o praticante é, ou era, trabalhador do cedente e não do cessionário, pelo que, em princípio, quem quiser os seus serviços terá de compensar aquele e não este. Ademais, não é de excluir a possibilidade de regresso antecipado do praticante cedido à entidade cedente (possibilidade que, por vezes, é objeto de expressa previsão no contrato de cedência), o que também contribui para que esta segunda modalidade de cedência faça todo o sentido.

VIII. Dependendo do que for estabelecido no contrato de cedência, a que se refere o artigo seguinte, o pagamento da *retribuição* poderá ficar integralmente a cargo do cessionário (hipótese porventura mais frequente), mas também integralmente a cargo do cedente, ou mesmo parcialmente a cargo de ambos (por exemplo, o cedente paga a parte certa da retribuição e o cessionário a parte variável). Como quer que seja, o n.º 3 do presente artigo estabelece que ambos são solidariamente responsáveis pelo pagamento das retribuições que se vencerem no período em que vigore a cedência. Este reforço da garantia retributiva carece, porém, de uma atitude proativa do praticante desportivo, o qual, verificando-se a falta de pagamento pontual da retribuição (no todo ou de uma parte apenas desta), deve dar disso conhecimento à outra parte, não faltosa (o cedente ou o cessionário), no prazo de 45 dias contados a partir do respetivo vencimento, sob pena de desresponsabilização desta.

Artigo 21.º – Contrato de cedência

1 – Ao contrato de cedência do praticante desportivo aplica-se o disposto nos artigos 6.º e 7.º, com as devidas adaptações.
2 – Do contrato de cedência deve constar declaração de concordância do praticante desportivo cedido.

3 – No contrato de cedência podem ser estabelecidas condições remuneratórias diversas das acordadas no contrato de trabalho desportivo, desde que não envolvam diminuição da retribuição nele prevista.

I. De acordo com a remissão constante do n.º 1, o contrato de cedência deve ser reduzido a escrito e assinado pelas entidades cedente, cessionária e cedida (sem o que será nulo, nos termos do art. 220.º do CCivil), carecendo ainda de ser registado na respetiva federação desportiva, de modo a que o praticante fique habilitado a participar em competições por esta promovidas ao serviço da entidade cessionária.

II. O contrato de cedência é um contrato de direito comum, conquanto se repercuta fortemente sobre a situação jurídico-laboral do praticante, assumindo-se como uma vicissitude contratual particularmente significativa no âmbito da relação laboral desportiva. Para além das indicações que, por força da remissão acima referida, devem constar do contrato de cedência, as partes (as três partes) podem, no uso da sua liberdade contratual, fixar livremente o conteúdo do contrato, respeitados, é claro, os limites legais (art. 405.º/1 do CCivil). Com efeito, é sabido que, em virtude do contrato de cedência, o vínculo do praticante com o empregador-cedente não se extingue, mas rarefaz-se. Pergunta-se: rarefaz-se a que densidade? Ou, o que é o mesmo: qual o grau de substituição do cedente pelo cessionário? A resposta para estas questões haverá de colher-se, em primeira linha, do estipulado no próprio contrato de cedência, pois as partes podem conferir-lhe um âmbito mais ou menos dilatado. Com a cedência, a esfera de poderes e deveres do empregador cinde-se, fragmenta-se; saber quais desses poderes e deveres se transmitem para o cessionário e quais se mantêm no cedente é algo que ao próprio contrato de cedência compete esclarecer.

III. Poder-se-á talvez falar, a este propósito, na existência de um limite mínimo e de um limite máximo no que toca à extensão da cedência, limites estes ínsitos na própria noção de cedência e que, portanto, se infringidos a desfigurariam, descaracterizando-a enquanto tal. Assim:

i) Âmbito mínimo da cedência: o praticante desportivo passa a prestar a atividade para a entidade cessionária, cumprindo os seus deveres de assiduidade, de diligência e de obediência no seio desta última, à qual compete exercer, por delegação do cedente, os poderes de autoridade e direção patronais.

ii) Âmbito máximo da cedência: substituição integral do cedente pelo cessionário, em tudo o que não conflitue com o caráter temporário da cedência e, sobretudo, com a circunstância de a cedência não romper o vínculo jurídico-laboral entre cedente e cedido. Nesta hipótese, caberá também ao cessionário, p. ex., pagar a retribuição ao cedido, bem como o exercício do poder disciplinar sobre este. Com um limite: as faculdades extintivas do contrato de trabalho (tais como as decisões de despedimento ou de revogação) sempre permanecerão na esfera do cedente. Outro entendimento conduziria à subversão da figura da cedência, colocando nas mãos do cessionário instrumentos incompatíveis com a natureza temporária e limitada daquela (apesar de tudo, ainda que rarefeito à menor densidade possível, o vínculo jurídico-laboral com o cedente subsiste, como resulta, aliás, do disposto no n.º 2 do art. 20.º).

IV. A cedência pode dar-se a título gratuito ou a título oneroso, estipulando-se, neste caso, as contraprestações a cargo do cessionário (quantia a pagar ao cedente, cedência recíproca de praticante(s), etc.). O praticante desportivo cedido poderá também, se tal for convencionado, ter direito ao pagamento de determinada importância pela cedência.

V. O contrato de cedência deve ainda conter a indicação de, relativamente ao contrato de trabalho, serem as mesmas ou diversas as condições remuneratórias, especificando, neste caso, o conteúdo das mesmas. A modificação das condições remuneratórias não poderá, porém, envolver diminuição da retribuição prevista no contrato de trabalho, conforme resulta do n.º 3 do presente artigo. A lei entende que a cedência não deverá repercutir-se negativamente na retribuição do praticante desportivo (a irredutibilidade da retribuição, ainda que possa ser afastada em alguns casos, como o previsto no art. 15.º/2, continua a ser a regra), sendo certo que esta norma pode suscitar algumas dificuldades de aplicação prática, máxime no tocante à parte variável (calculada em função dos resultados) da retribuição acordada no contrato de trabalho desportivo.

VI. Será permitido ao cessionário ceder, por sua vez, o praticante desportivo a terceiro? A resposta, cremos, deve ser negativa: a primitiva cedência foi feita àquela determinada entidade cessionária, não a outra; este é, muitas vezes, um aspeto particularmente relevante (quando não decisivo) para o cedente, pelo que, sem a sua autorização, não poderá o cessionário "subceder" o praticante a outra entidade.

VII. Em matéria de cedência do atleta importa acrescentar que, conquanto de um ponto de vista juslaboral a respetiva admissibilidade não sofra contestação, já numa perspetiva estritamente desportiva as dúvidas e as reservas a colocar poderão ser maiores, e isto por duas ordens de razões:

i) Por um lado, caso o clube cedente e o clube cessionário disputem a mesma competição desportiva (p. ex., o campeonato nacional de futebol), a participação do atleta cedido nos encontros entre os dois clubes poderá, em certas hipóteses, dar azo a especulações e insinuações várias relativamente ao grau de aplicação e diligência do atleta em tais encontros – recorde-se que o atleta, embora atuando ao serviço do clube cessionário, continua a possuir um vínculo jurídico-laboral com o clube cedente, sendo este, e não aquele, a sua entidade empregadora...

ii) Por outro lado, sendo frequente a inclusão no contrato de cedência de uma cláusula nos termos da qual o clube cessionário se compromete a não utilizar os serviços do atleta cedido nos jogos que venha a disputar com o clube cedente, a verdade é que semelhante estipulação contratual (ou um mero "acordo de cavalheiros" nesse mesmo sentido), evitando embora as supramencionadas questões, não deixa de suscitar outras. Com efeito, numa competição desportiva disputada, por exemplo, por 20 equipas, em que todas jogam com/contra todas, aquela cláusula (ou este *gentlemen's agreement*) coloca o clube cedente em vantagem sobre os demais, visto que, pelo menos no plano teórico, ao clube cedente será então mais fácil vencer o clube cessionário – este não poderá utilizar o(s) atleta(s) cedido(s) nos jogos com o clube cedente, mas já o(s) utilizará nos jogos com as restantes equipas –, assim se sacrificando, em certa medida, o princípio da *par conditio* que é suposto presidir a qualquer competição desportiva.

CONTRATO DE TRABALHO DESPORTIVO

Dir-se-ia, pois, que a salvaguarda de valores eminentes, de ordem estritamente desportiva – a transparência e a credibilidade das competições, a igualdade entre os competidores, em suma, a garantia da chamada "verdade desportiva" –, poderá justificar a introdução de certas limitações no tocante à suscetibilidade de "empréstimo" do atleta profissional. Nesta ordem de ideias, cremos que o preceituado na presente lei não constitui um obstáculo intransponível à elaboração, por parte da respetiva federação desportiva ou liga de clubes, de disposições regulamentares proibindo tais "empréstimos" entre clubes que disputem a mesma competição desportiva.

VIII. É claro que se poderá tentar resolver o problema de outro modo, procurando garantir que o atleta cedido possa sempre disputar as competições entre cedente e cessionário, através da estatuição regulamentar da nulidade ou ineficácia de quaisquer cláusulas inibitórias da participação do jogador eventualmente constantes do contrato de cedência. Esta foi, aliás, uma solução já ensaiada no nosso futebol. Mas sem sucesso. Com efeito, a tentativa regulamentar de garantir a possibilidade de participação do futebolista cedido nos jogos disputados entre os clubes cedente e cessionário, a mais de revelar uma boa dose de irrealismo, padece de alguma falta de sensatez. É uma tentativa *irrealista* porque, na prática, é virtualmente impossível sindicar um discreto "acordo de cavalheiros", destituído de efeitos jurídicos, ajustado entre as partes aquando do contrato de cedência. Mas é outrossim uma tentativa algo *insensata*, visto que não parece conceder a devida atenção à circunstância de o jogador – note-se: um profissional de futebol, que trabalha jogando e joga trabalhando, isto é, que não joga por "amor ao clube" mas sim a troco de uma contrapartida remuneratória – continuar a ter no clube cedente a sua única entidade empregadora. Uma entidade, de resto, à qual ele retornará em breve (porventura na próxima época desportiva) e pela qual passará o seu futuro enquanto profissional do desporto. O clube cedente é, pois, não só o seu *clube de origem* mas também o seu *clube de destino*, sendo ainda a sua *atual entidade empregadora*, pelo que o desportista profissional poderá ficar indesejavelmente dividido entre a necessidade de honrar o emblema que ostenta e a de não prejudicar a sua entidade patronal. Uma situação melindrosa para o jogador e que, inevitavelmente, pode alimentar a suspeição, para mais num setor tão mediático, polémico e atreito a paixões e suspeições como é o do futebol profissional...

IX. O Regulamento de Competições da Liga Portuguesa de Futebol Profissional para a época 2017/18 contém, a este propósito, uma solução que nos parece de aplaudir. Nos termos do n.º 3 do seu art. 78.º, «durante o período da cessão, é proibida a utilização dos jogadores cedidos nos jogos disputados entre os clubes cedentes e cessionários». Pergunta-se: e, com isto, como fica a verdade desportiva? Deve reconhecer-se que, pelas razões aduzidas acima, esta fica em xeque, pelo que, a nosso ver, melhor seria caminhar no sentido de proibir a cedência entre entidades que disputem a mesma competição desportiva. Ora, a este respeito, lê-se no novo n.º 2 do art. 78.º do Regulamento de Competições da Liga: «Na mesma época desportiva, o clube cedente não pode ceder temporariamente mais do que três jogadores a um clube do mesmo campeonato». Ou seja, não se proíbe, mas limita-se a cedência entre clubes que disputem a mesma competição desportiva. Em tese, cremos que teria sido melhor *proibir* do que *limitar*; e, a limitar, a limitação deveria ter sido mais rigorosa, pois três atletas, numa equipa de futebol, podem ter um peso muito significativo. Nesta matéria, quanto menos se limitar a cedência mais se sacrificará, em tese, a verdade desportiva. Mas talvez estas novas soluções regulamentares signifiquem apenas o início de um caminho, vindo o limite de cedências permitido a baixar para dois ou para um atleta apenas, nas próximas épocas desportivas. Cremos que este é o caminho certo. E, se assim for, acreditamos que tais normas limitativas poderão, inclusive, contribuir para refrear os inegáveis excessos a que se vem assistindo nesta matéria nos últimos tempos, com alguns clubes a adotarem uma política de "contratar-para-emprestar" que nos suscita bastantes reservas.

Artigo 22.º – Transferência de praticantes desportivos
A transferência do praticante desportivo é regulada pelos regulamentos da respetiva federação dotada de utilidade pública desportiva, sem prejuízo do disposto nesta lei, nomeadamente no artigo 19.º

CONTRATO DE TRABALHO DESPORTIVO

I. Independentemente das reservas que se possam formular quanto à bondade da expressão, o certo é que a palavra *transferência* está de tal modo enraizada no léxico desportivo que foi acolhida pela própria lei (em França fala-se em *transfert,* na Espanha em *traspaso,* na Itália em *trasferimento,* no Reino Unido e na Alemanha em *transfer*). A lei não formula qualquer noção de transferência, parecendo lidar com o sentido comum do termo, sinónimo de *mudança de entidade empregadora desportiva a título definitivo* (por contraposição, justamente, ao fenómeno da cedência). Como é sabido, no vocabulário jurídico-laboral comum esta palavra possui um outro significado, bem distinto – o de mudança de local de trabalho, ao serviço do mesmo empregador.

II. Registe-se, em todo o caso, que a própria *cedência* poderá desembocar numa *transferência*, coisa que por vezes sucede quando, no jargão desportivo, se dá uma cedência "com opção de compra" por parte da entidade cessionária. Nesta hipótese, o cedente aceita que, no final do período de cedência, o clube cessionário acione a opção, pagando uma determinada verba ao cedente, a troco da qual este liberta o praticante desportivo. Mas, claro, como este último não é um mero objeto de comércio, mas sim um sujeito de direito, é claro que, para que uma tal transferência tenha lugar, sempre será indispensável o concurso da vontade do praticante desportivo cedido – seja para pôr termo ao contrato de trabalho com o cedente, seja para celebrar um novo contrato de trabalho desportivo com o cessionário.

III. A transferência do praticante desportivo será regulada pela respetiva federação desportiva, «sem prejuízo do disposto nesta lei, nomeadamente no artigo 19.º». O art. 19.º ocupa-se, como se sabe, da tutela da liberdade de trabalho e da figura da «compensação de promoção ou valorização" do praticante desportivo. Mas a regulamentação federativa relativa à transferência deverá, é claro, respeitar tudo quanto resulta do presente diploma legal, aqui merecendo destaque, cremos, o disposto no art. 27.º, sobretudo o disposto no seu n.º 3, atinente ao caráter acessório do vínculo desportivo relativamente ao vínculo contratual e à possibilidade de, extintos ambos, ser celebrado e registado novo contrato de trabalho desportivo do praticante (implicando, portanto, a transferência deste), nos termos gerais.

CAPÍTULO V – Cessação do contrato de trabalho desportivo

Artigo 23.º – Formas de cessação

1 – O contrato de trabalho desportivo pode cessar por:

a) Caducidade;

b) Revogação por acordo das partes;

c) Despedimento com justa causa promovido pela entidade empregadora desportiva;

d) Resolução com justa causa por iniciativa do praticante desportivo;

e) Denúncia por qualquer das partes durante o período experimental;

f) Despedimento coletivo;

g) Denúncia por iniciativa do praticante desportivo, quando contratualmente convencionada, nos termos do artigo 25.º

2 – A caducidade por verificação do termo opera automaticamente e não confere direito a compensação.

3 – Constitui justa causa, para efeitos das alíneas c) e d) do n.º 1, o incumprimento contratual grave e culposo que torne praticamente impossível a subsistência da relação laboral desportiva.

4 – Por convenção coletiva pode ser estabelecido o direito de o praticante resolver o contrato em caso de não participação nas competições oficiais ao longo da época desportiva.

I. Na dinâmica da relação laboral desportiva, a cessação do contrato de trabalho equivale ao derradeiro momento do respetivo ciclo vital. Ora, nesta matéria dir-se-á que, aliás como sucede com qualquer outro contrato a termo, o contrato de trabalho do praticante desportivo tem o seu destino traçado: se tudo correr de acordo com o previsto aquando da celebração do contrato, este *caducará* quando se verificar o respetivo termo final ou resolutivo. Porém, como em tudo na vida, as coisas nem sempre correm tal como inicialmente se previa. Registando-se certas ocorrências, o contrato de trabalho desportivo poderá caducar antes mesmo da verificação do termo resolutivo estipulado. E, o que é mais importante, este contrato de trabalho poderá cessar *ante tempus* por iniciativa unilateral de qualquer dos sujeitos – *despedimento* promovido pela entidade empregadora, *demissão* apresentada pelo praticante desportivo – ou pelo seu mútuo acordo (*revogação*). A tudo isto se refere o presente artigo, norma onde são enumeradas as diversas formas de cessação do contrato de trabalho desportivo.

II. A primeira dessas formas de cessação é a *caducidade*, conceito que, na lição de Carlos Mota Pinto, abrange «uma série numerosa de situações em que as relações jurídicas duradouras de tipo obrigacional criadas pelo contrato ou pelo negócio (formando no seu conjunto a relação contratual) se extinguem para futuro por força do decurso do prazo estipulado, da consecução do fim visado ou de qualquer outro facto ou evento superveniente (p. ex., morte de uma pessoa) a que a lei atribui o efeito extintivo, *ex nunc*, da relação contratual». Ora, ainda que o contrato de trabalho desportivo possa também caducar devido a outras razões, designadamente verificando-se a impossibilidade superveniente, absoluta e definitiva de o praticante prestar a sua atividade ou de a entidade empregadora a receber – caso, por exemplo, da morte do praticante ou da sua incapacidade permanente para a prática da atividade desportiva objeto do contrato, ou, por vezes, da morte ou extinção da entidade empregadora –, dado tratar-se de um contrato a termo compreende-se que o contrato de trabalho do praticante desportivo se extinga, as mais das vezes, por via do decurso do prazo.

III. O n.º 2 deste artigo regula o *modus operandi* da caducidade, esclarecendo o intérprete/aplicador do direito quanto à questão de saber se esta opera ou não automaticamente. Assim sendo, e ao invés do que em regra sucede no regime laboral comum, o contrato de trabalho desportivo caducará, sem necessidade de aviso prévio, expirando o prazo nele estipulado. Seguindo a regra do direito civil, a caducidade atua automaticamente, *ipso jure*, nesta sede, extinguindo-se o contrato com o simples decurso do tempo de vida que as partes lhe haviam fixado, sem que haja lugar ao pagamento de qualquer compensação em virtude daquela caducidade.

IV. Nascido para caducar, o contrato de trabalho desportivo extingue-se, pois, verificando-se o respetivo termo final ou resolutivo. Assim sendo, logo se insinua a questão: e a *condição resolutiva?* Será esta cláusula admissível em sede de contrato de trabalho do praticante desportivo? Poderão as partes colocar a extinção deste particular contrato na dependência de um acontecimento futuro e incerto? A nossa lei laboral comum é omissa no tocante à (in)aponibilidade da condição resolutiva ao contrato de trabalho, sendo que este silêncio legal tem sido maioritariamente interpretado, aliás com boas razões, como equivalendo a uma resposta negativa. Pergunta-se: valerá igualmente esta resposta negativa em sede de contrato de trabalho desportivo?

V. A presente lei é também omissa relativamente à condição resolutiva, circunstância que, *prima facie,* nos induziria a pensar não haver aqui qualquer particularidade digna de nota. Existe, no entanto, um aspeto cujo alcance importa não descurar: o contrato de trabalho desportivo é, por força desta mesma lei, um contrato a termo; e, sobretudo, o termo é aqui *estabilizador* e não limitativo, o que altera, a nosso ver decisivamente, o contexto normativo em que se move a condição resolutiva. Com efeito, no regime laboral comum o trabalhador pode sempre, quando e pelas razões que entenda – isto é, sem necessidade de existir uma justa causa –, pôr licitamente fim ao contrato, quer se trate de um contrato de duração indeterminada, quer mesmo tratando-se de um contrato a termo. Ou seja, em relação ao trabalhador comum o termo configura-se como limitativo e não estabilizador, conservando aquele a faculdade de dissolver o vínculo *ante tempus* (a este propósito, *vd.* o art. 400.º do CT). Ora, coisa bem diferente se passa no domínio do contrato de trabalho desportivo, pois, neste, o termo é estabilizador: o praticante desportivo só poderá extinguir licitamente o contrato antes da verificação do respetivo termo se para tanto tiver justa causa, conforme resulta do disposto no n.º 1-*d)* deste artigo, ou se no contrato for incluída uma "cláusula de rescisão", ao abrigo do n.º 1-*g).*

VI. Assim sendo, enquanto no regime geral a aposição da condição resolutiva não satisfaz qualquer interesse relevante do trabalhador – este, registando-se uma qualquer ocorrência que o leve a querer pôr fim ao contrato, pode livremente fazê-lo, estando apenas adstrito a pré-avisar a entidade empregadora –, traduzindo-se, tão-só, num fortíssimo fator de precarização do emprego, ao arrepio do disposto no art. 53.º da CRP, já no que concerne ao contrato de trabalho desportivo tal cláusula poderá vir ao encontro dos interesses do praticante/trabalhador, permitindo-lhe a desvinculação quando, doutra forma, estaria adstrito a manter o contrato até ao fim do respetivo prazo – isto porque, como é óbvio, quando se pergunta se ao contrato de trabalho desportivo pode ser aposta uma condição resolutiva, não se pretende dizer que a condição seja aposta *em vez* do termo resolutivo, mas sim que no contrato se insere, não só um termo resolutivo, mas *também* uma condição resolutiva (do ponto de vista lógico, nada se opõe à eventual combinação destas duas cláusulas resolutivas no mesmo contrato de trabalho). Ou seja, *a condição resolutiva, que em geral se traduz num puro instrumento de precarização contratual, pode aqui assumir contornos de autêntico instrumento de libertação contratual para o praticante/trabalhador.*

VII. Tomemos o seguinte exemplo: um praticante desportivo e a respetiva entidade empregadora celebram um contrato de trabalho pelo prazo de quatro épocas desportivas, estipulando, porém, que o contrato se extinguirá verificando-se a despromoção (isto é, a descida de divisão) do clube empregador. Temos aqui um contrato a que é aposto um termo resolutivo (o *terminus* da 4.ª época desportiva) e também uma condição resolutiva (a eventual despromoção do clube, facto futuro e incerto). Ora, não vislumbramos razões para negar validade a semelhante condição resolutiva. Esta cláusula pode, inclusive, tutelar interesses relevantes e legítimos de ambas as partes: do clube empregador, que, atingido pela despromoção, vê afetadas as suas fontes de receita (televisão, publicidade, espectadores, associados, etc.) e pode precisar de reduzir as despesas, redimensionando o respetivo plantel; do praticante desportivo, a quem a baixa de escalão competitivo pode não interessar do ponto de vista da sua valorização profissional, preferindo ficar desvinculado para, eventualmente, celebrar contrato com outro clube da divisão superior. Estipulada no interesse das duas partes, será razoável proclamar a invalidade desta cláusula (desta autêntica *get-out clause*), com o argumento de que ela se analisa numa condição resolutiva? Cremos que não.

VIII. O que vem de dizer-se não significa, note-se, que toda e qualquer condição resolutiva seja juridicamente admissível neste domínio. Significa, tão-só, que não poderemos afirmar que toda e qualquer condição resolutiva será juridicamente inadmissível nesta sede. Com efeito, uma coisa é a admissibilidade da condição, outra a licitude da mesma. A condição resolutiva – *aquela condição concretamente estipulada* – poderá ser contrária à lei, quer porque ofenda frontalmente as disposições desta, quer porque defraude os seus comandos normativos. Imagine-se que as partes convencionam que o contrato cessará caso o praticante dê um certo número de faltas injustificadas ao trabalho; ou que se dissolverá caso o praticante seja alvo de mais do que x cartões amarelos e/ou vermelhos numa época desportiva; ou que se extinguirá caso se verifique um resultado positivo nos controlos antidopagem a que o praticante se submeta; ou que terminará caso o praticante venha a assumir funções dirigentes na respetiva associação sindical. Em todos estes casos estaremos perante cláusulas ilícitas, não por se analisarem em outras tantas condições resolutivas, mas porque, atendendo ao seu concreto conteúdo, ao teor da própria condição, lesam direitos e garantias do praticante desportivo enquanto trabalhador. Aliás, os exemplos poderiam multiplicar-se, originando, por vezes, consideráveis dificuldades de enquadramento e resolução. Assim, suponhamos que as partes convencionam que o contrato de trabalho cessará na eventualidade de o praticante desportivo não ser utilizado em, pelo menos, 50% dos jogos oficiais realizados pela equipa em determinada época; ou que se estipula a extinção do contrato do praticante desportivo caso se venha a registar a saída do técnico/treinador atualmente ao serviço do clube. Nestas hipóteses, a circunstância de o evento condicionante – a utilização do praticante ou a mudança do treinador – depender, em larga medida, da vontade da entidade empregadora, não deixa de impressionar negativamente, concorrendo para a eventual inadmissibilidade de tais condições resolutivas. Mas, por outro lado, estas cláusulas não deixam, ainda assim, de dar satisfação a interesses legítimos, e porventura ponderosos, do praticante desportivo: o interesse no efetivo exercício da sua atividade profissional, no primeiro caso; o interesse em ser orientado e preparado por alguém da sua inteira confiança, no segundo caso...

IX. Aquilo que, pelas razões expostas *supra*, não se poderá sustentar é que a condição resolutiva, enquanto tal e apenas por sê-lo, lesa o praticante desportivo e vulnera os seus direitos. Nessa medida, afigura-se-nos que a sua rejeição liminar relevaria de algum conceitualismo,

CONTRATO DE TRABALHO DESPORTIVO

desconhecendo a realidade dos interesses em presença nesta muito particular relação laboral. Repete-se: na relação laboral comum, a parte mais interessada na tutela da estabilidade (= manutenção do contrato) é, tipicamente, o trabalhador, a parte mais interessada na liberdade de desvinculação (= dissolução do contrato) é, tipicamente, o empregador; ora, na relação laboral desportiva a graduação ou correlação destes interesses modifica-se substancialmente, ao praticante interessando, tanto ou mais do que a estabilidade, uma ampla liberdade de desvinculação contratual, e a entidade empregadora reclamando, tanto ou mais do que uma grande liberdade de desvinculação, uma forte estabilidade contratual. Neste contexto, a condição resolutiva surge aqui com um perfil funcional bastante distinto daquele que assume na relação laboral comum, pelo que só uma análise casuística das diversas situações concretas, atendendo aos interesses em jogo e ponderando-os criteriosamente, habilitará o intérprete a concluir pela validade ou invalidade das correspondentes cláusulas.

X. Como se disse, e como contrato a termo que é, o contrato de trabalho desportivo extingue-se, em princípio, por caducidade. Mas, naturalmente, este contrato de trabalho poder-se-á ainda extinguir, como qualquer outro, através da *revogação por acordo das partes,* conforme indica o n.º 1-*b)* do presente artigo. Estaremos então perante o chamado contrato extintivo ou abolitivo (distrate, *contrarius consensus*), mediante o qual as partes, por mútuo consentimento, extinguem a relação jurídico-laboral entre elas existente.

XI. A revogação do contrato de trabalho encontra-se regulada, em geral, nos arts. 349.º e 350.º do CT, consistindo, como a doutrina vem ensinando, numa destruição voluntária da relação contratual efetuada pelos próprios autores do contrato, isto é, numa cessação da eficácia do negócio assente num mútuo consenso de sinal contrário ao que lhe deu origem. O distrate caracteriza-se, sobretudo, por ser discricionário (revogação *ad nutum*), não necessitando as partes de invocar qualquer fundamento para a correspondente cessação do contrato de trabalho.

XII. Não se pode dizer que a presente lei tenha dispensado grande atenção à revogação do contrato de trabalho desportivo por acordo das partes. O diploma limita-se, com efeito, a incluir esta figura no elenco das formas de cessação deste contrato, nada dispondo sobre o respetivo regime jurídico e aplicando-se aqui, por conseguinte, o regime geral do contrato de trabalho, enquanto direito subsidiário. Deste modo, a simples leitura dos textos legais decerto induziria o observador menos atento a julgar que não existiriam, em matéria de distrate, quaisquer particularidades dignas de nota em sede de contrato de trabalho desportivo, tudo se passando aqui tal qual se passa no contrato de trabalho comum. Nada de menos verdadeiro! Sem dúvida que o distrate representa uma forma de extinção do contrato válida e operativa para ambas as espécies, isto é, para o contrato de trabalho comum e para o contrato de trabalho desportivo. Porém, o enquadramento do distrate, o papel que desempenha, a função que lhe é destinada na economia de cada um destes contratos é muito diferente (dir-se-ia mesmo que é radicalmente distinta). Vejamos.

XIII. No regime geral do contrato de trabalho – regime caracterizado, como é sabido, por uma acentuada compressão das faculdades rescisórias do empregador (não ao despedimento livre!) e por uma elevada descompressão das faculdades rescisórias do trabalhador (sim à livre demissão!) –, a revogação surge, normalmente, como uma espécie de «válvula de escape» ao serviço da entidade empregadora: esta, desejando extinguir um contrato de trabalho sem para tal possuir fundamento juridicamente bastante (ou, possuindo-o, sem estar disposta a sujeitar-se à tramitação processual relativamente complicada que sempre deve anteceder um despedimento), propõe a revogação ao trabalhador; este, avaliando o conteúdo da referida proposta, pesará as suas desvantagens (*maxime*, a perda do emprego) e as suas vantagens (*maxime*, o montante da compensação pela perda do emprego que a entidade patronal está disposta a pagar), tudo se traduzindo, afinal, num verdadeiro «despedimento negociado».

XIV. É bem diferente o panorama que tipicamente se nos depara em sede de contrato de trabalho desportivo. Aqui, com efeito, em princípio nenhuma das partes goza da faculdade de denunciar o vínculo – este contrato está sujeito a um termo estabilizador –, circunstância que altera substancialmente os dados do problema. Encontrando-se o praticante vinculado a cumprir o contrato de trabalho desportivo por todo o período ajustado, até que expire o respetivo prazo, não lhe sendo lícito denunciar *ante tempus* o contrato de trabalho (salvo, evidentemente, existindo justa causa, ou na hipótese de ter sido estipulada uma "cláusula de rescisão"), isso significa que, durante esse período, uma eventual mudança de entidade empregadora carecerá, em princípio, da aquiescência do seu atual clube/empregador. Ao contrário do que sucede com o trabalhador comum, ao praticante desportivo que se veja confrontado com a oferta de um emprego mais atrativo (mais bem pago, com melhores condições de trabalho, num clube de maior prestígio, etc.) não é reconhecida a faculdade de, sem mais, se demitir e aceitar tal oferta. Se o fizer, essa demissão será ilícita (ou, se houver "cláusula de rescisão", será lícita mas muito onerosa). Por isso, todo aquele que deseje contratá-lo e adquirir os seus serviços terá de chegar a acordo, não só com o próprio praticante desportivo, mas também com a sua atual entidade empregadora. E o acordo desta obtém-se, via de regra, mediante o pagamento de uma determinada importância – o preço da transferência –, livremente ajustada entre a entidade empregadora *a quo* e a entidade empregadora *ad quem*.

XV. Eis como o termo estabilizador aposto a este contrato de trabalho se transforma, nas palavras de Jean Mouly, na «pedra angular da operação jurídica das transferências de jogadores e, por isso mesmo, do sistema atual de financiamento dos clubes»; e eis como se estrutura, nas suas grandes linhas, aquilo que tão bem se designou por «florescente mercado dos contratos em curso de execução». E eis, igualmente, como o distrate assume aqui contornos tão peculiares, pouco tendo em comum com a função por si desempenhada no regime geral do contrato de trabalho. Para o atestar, basta ver quem recebe o quê aquando da revogação do contrato de trabalho: tipicamente, no contrato de trabalho comum é o trabalhador que se vê compensado financeiramente pela sua entidade empregadora (expressão do «despedimento negociado» a que acima se aludiu); no contrato de trabalho desportivo, pelo contrário, é a atual entidade empregadora que é compensada pela futura entidade empregadora do praticante, como contrapartida da abdicação, por parte da primeira, da exigência de cumprimento do contrato deste até à verificação do respetivo termo resolutivo.

XVI. Ainda que a nossa lei não tenha concedido qualquer atenção a este fenómeno, a revogação do contrato de trabalho desportivo surge, portanto, amiúde englobada num entendimento mais vasto, visando a transferência do praticante para outro clube. Na verdade, verifica-se aqui a coligação de três contratos: o distrate, negócio extintivo do contrato de trabalho, celebrado entre o praticante desportivo e o clube *a quo;* o contrato de transferência, celebrado entre o clube *a quo* e o clube *ad quem,* pelo qual se estabelece a indemnização a pagar àquele por este como contrapartida da dissolução antecipada do vínculo laboral entre aquele e o praticante desportivo; o novo contrato de trabalho desportivo, celebrado entre o praticante e o clube *ad quem.* Estamos assim, segundo se pensa, perante uma autêntica *união ou coligação de contratos,* pois cada um deles é celebrado subordinadamente à celebração dos outros, entre todos existindo um laço de mútua dependência, um irrecusável nexo funcional: o praticante desportivo revoga o seu contrato porque vai celebrar um outro com uma nova entidade empregadora; a entidade empregadora *a quo* revoga-o porque ajusta com a entidade *ad quem* uma qualquer forma de compensação; a entidade empregadora *ad quem* compensa a entidade *a quo* porque recebe nos seus quadros o praticante desportivo, com ele celebrando um contrato de trabalho.

XVII. Embora interdependentes, formando um conjunto económico, os supramencionados contratos permanecem distintos, conservando a sua individualidade própria. Como escreve Galvão Telles, a propósito da união de contratos, estes «cumulam-se, não se fundem». Isto significa que a transferência do praticante desportivo – *rectius,* este tipo de transferência – supõe a extinção do contrato de trabalho que o liga à entidade empregadora *a quo* e a celebração de um outro contrato de trabalho com a entidade empregadora *ad quem,* não se registando aqui um qualquer fenómeno de cessão do contrato (cessão da posição contratual). Com efeito, segundo o art. 424.º/1 do CCivil, «no contrato com prestações recíprocas, qualquer das partes tem a faculdade de transmitir a terceiro a sua posição contratual, desde que o outro contraente, antes ou depois da celebração do contrato, consinta na transmissão». Na *cessão da posição contratual* verifica-se, pois, a passagem da posição de empregador de uma para outra pessoa, transmitindo-se o conjunto de direitos e deveres para o cessionário de modo global e definitivo. Desta forma, o cedente abandona a relação contratual originária, deixando de ser empregador e sendo integralmente substituído pelo cessionário – por isso se dizendo que se regista uma simples modificação subjetiva no contrato de trabalho (mudança de empregador). Nada impede que se verifique uma verdadeira e própria cessão da posição contratual em sede de relação laboral desportiva. Na hipótese em apreço, não é disso, porém, que se trata: aqui não há uma cessão do contrato, uma mera transmissão da posição contratual; aqui dá-se a morte de um contrato e o nascimento de outro, com diferente duração (esta não se limita ao restante período acordado com o clube *a quo*), com diferente (e, em princípio, mais elevada) remuneração, etc.

XVIII. Em suma, e sendo certo que a revogação do contrato de trabalho desportivo não se confunde com a figura da cessão da posição contratual, não o é menos que as semelhanças entre aquela revogação e o distrate do contrato de trabalho comum vão pouco além da aparência, ou melhor, existem no plano estrutural, mas não no funcional. Em substância, na economia de cada contrato, esta figura desempenha funções marcadamente distintas, polarizando também interesses bastante diferentes, o que justificaria, a nosso ver, que fosse objeto de tratamento autónomo por parte do legislador. Como se disse, a presente lei assim não entendeu, pelo que, em princípio, deverá aqui aplicar-se o disposto no regime geral do contrato de trabalho sobre a matéria, atenta a sua natureza de direito subsidiário.

XIX. Sucede que, pelos motivos acima expostos, esta aplicabilidade do regime geral da revogação nem sempre se revelará adequada em sede de trabalho desportivo. Afigura-se-nos, por exemplo, que o acordo revogatório deveria aqui conduzir inapelavelmente à morte do contrato de trabalho, sem que este último pudesse revivescer por vontade unilateral do praticante desportivo, através do exercício do chamado «direito de arrependimento». Com efeito, sendo aplicável o regime geral, o praticante desportivo gozará, como qualquer outro trabalhador, do *direito de arrependimento,* isto é, da faculdade de fazer cessar unilateralmente o distrate, até ao sétimo seguinte à data da respetiva celebração, mediante comunicação escrita dirigida à entidade empregadora (art. 350.º do CT).

Ora, este direito potestativo, reconhecido pela lei ao trabalhador, de «dar o dito por não dito», poderá suscitar forte perturbação e conflitualidade nesta área, sobretudo se nos não esquecermos de que o distrate faz aqui habitualmente parte de um triângulo negocial (que é ainda formado pelo contrato de transferência celebrado entre os dois clubes e pelo contrato de trabalho celebrado entre o praticante e o novo empregador) gerador do fenómeno da coligação de contratos de que acima se fala. Torna-se aqui particularmente aconselhável, por isso, que seja observado o art. 350.º/4 da referida lei, isto é, que as assinaturas das partes do acordo revogatório, devidamente datado, sejam objeto de reconhecimento notarial presencial, nos termos da lei – se assim for, desaparecerá o direito de arrependimento do trabalhador/praticante desportivo. Isto, claro, sem prejuízo de sempre haver margem para sustentar que o disposto no art. 350.º do CT não encontra aplicação em sede de trabalho desportivo, por não ser compatível com a especificidade deste contrato (art. 3.º, n.º 1, *in fine*).

XX. Quanto ao regime do *despedimento*, é sabido que a CRP estabelece, no seu art. 53.º, que «é garantida aos trabalhadores a segurança no emprego, sendo proibidos os despedimentos sem justa causa ou por motivos políticos ou ideológicos». Trata-se de um direito fundamental dos trabalhadores, sujeito ao regime privilegiado dos direitos, liberdades e garantias, do qual é também titular, como é óbvio, o praticante desportivo/trabalhador por conta de outrem. Destarte, se as particulares características da relação laboral desportiva recomendam que o correspondente contrato de trabalho seja concebido como um contrato a termo, já nada justificaria a permissão de despedimentos arbitrários neste setor, já nada legitimaria a admissão do despedimento *ad nutum* do praticante. Para ser lícito, o despedimento promovido por uma entidade empregadora desportiva carece, portanto, de se estribar numa causa juridicamente bastante. Pergunta-se: que tipo de causa, ou causas? A lei responde: o contrato de trabalho desportivo poderá cessar, por iniciativa da entidade empregadora, quer através de despedimento com justa causa (n.º 1, al. *c)*), quer através de despedimento coletivo (n.º 1, al. *f)*).

XXI. O *despedimento com justa causa,* tal como previsto no art. 18.º/1-*d)* da presente lei, traduz-se na sanção disciplinar máxima suscetível de ser aplicada ao praticante desportivo. A justa causa de despedimento assume, portanto, um caráter de infração disciplinar, de incumprimento contratual particularmente grave, de tal modo grave que, no dizer de Monteiro Fernandes, «determine uma crise contratual irremediável, não havendo espaço para o uso de providência de índole conservatória», isto é, para que a situação seja sanada com recurso a medidas disciplinares não extintivas. A justa causa traduz-se, afinal, num comportamento censurável do praticante desportivo, numa qualquer ação ou omissão que lhe seja imputável a título de culpa e que viole deveres de natureza laboral, quando esse comportamento seja de tal modo grave, em si mesmo e nos seus efeitos, que torne a rutura irremediável, sendo inexigível ao empregador (a um empregador normal, razoável) que lhe responda de modo menos drástico (n.º 3 do presente artigo). No domínio específico do contrato de trabalho desportivo, e no que concerne ao preenchimento do conceito de justa causa, ganham particular relevo os deveres que em especial impendem sobre o praticante desportivo (*maxime* os previstos no art. 13.º desta lei), cuja violação, caso assuma a gravidade acima referida, poderá constituir justa causa para o respetivo despedimento.

XXII. Nos casos em que se verifique algum comportamento que integre o conceito de justa causa, a licitude do despedimento ficará ainda dependente da prévia instauração do respetivo procedimento disciplinar, seguindo este os termos prescritos no CT. Ao requisito substantivo soma-se, portanto, o requisito adjetivo, pelo que o despedimento tanto será ilícito se for declarada improcedente a justa causa invocada, como se não tiver sido precedido do respetivo procedimento ou este for nulo (*vd.*, a este propósito, os arts. 381.º e 382.º do CT). Em todo o caso, e como melhor veremos *infra*, em anotação ao art. 24.º, despedimento ilícito não significa despedimento inválido ou ineficaz. Em sede desportiva, o despedimento ilícito é um ato válido e eficaz, operando a cessação imediata e irreversível do contrato de trabalho do praticante, se bem que seja um ato irregular, pelo qual o seu autor responderá, no plano indemnizatório.

XXIII. O *despedimento coletivo* consiste numa das modalidades do chamado despedimento por causas objetivas, isto é, por causas alheias ao trabalhador, por causas da esfera da entidade empregadora, de natureza económica e gestionária – as outras modalidades admitidas pela lei geral do trabalho, mas não pelo presente diploma, são o despedimento por extinção do posto de trabalho e o despedimento por inadaptação –, cujo regime jurídico se encontra definido nos arts. 359.º e ss. do CT. De acordo com esta última norma, «considera-se despedimento coletivo a cessação de contratos de trabalho promovida pelo empregador e operada simultânea ou sucessivamente no período de três meses, abrangendo, pelo menos, dois ou cinco trabalhadores, conforme se trate, respetiva-mente, de microempresa ou de pequena empresa, por um lado, ou de média ou grande empresa, por outro, sempre que aquela ocorrência se fundamente em encerramento de uma ou várias secções ou estrutura equivalente ou redução do número de trabalhadores determinada por motivos de mercado, estruturais ou tecnológicos».

XXIV. Admitido embora pela presente lei como meio idóneo para operar a dissolução do contrato de trabalho desportivo, o certo é que o despedimento coletivo consiste numa figura concebida, acima de tudo, para contratos de duração indeterminada – ainda que, note-se, não seja incompatível com o contrato a termo – e sujeita a uma tramitação pro-cessual relativamente exigente e complexa, afigurando-se legítimo supor que, no domínio da relação laboral desportiva, mecanismos como a cadu-cidade do contrato pelo decurso do prazo, a sua revogação por acordo ou a cedência do praticante quase sempre darão resposta mais expedita e adequada às motivações económicas, *lato sensu,* que presidem a esta modalidade de despedimento.

XXV. Quanto aos *efeitos* do despedimento coletivo, e dado que a pre-sente lei nada dispõe sobre a matéria, aplicar-se-á o regime contido no CT, devendo sublinhar-se que este despedimento – justamente porque se baseia em causas empresariais, alheias ao trabalhador – confere aos trabalhadores abrangidos o direito a uma compensação pecuniária, nos termos do disposto no seu art. 366.º, n.º 6 (dado que, repete-se, o con-trato de trabalho desportivo é um contrato a termo).

XXVI. No âmbito da relação laboral comum, o despedimento cons-titui, sem dúvida, o mais importante, controverso e mesmo dramático

CONTRATO DE TRABALHO DESPORTIVO

domínio de que se ocupa este ramo do ordenamento, situando-se o respetivo regime jurídico num delicado e instável ponto de encontro de interesses económicos, sociais e humanos do maior relevo. Contudo, se o despedimento é, consabidamente, um dos mais nobres e relevantes capítulos do Direito do Trabalho, há que reconhecer que outro tanto não acontece em sede de contrato de trabalho desportivo. A verdade é que, na prática, o despedimento queda aqui bastante longe de revestir importância análoga àquela que possui na relação laboral típica. E isto, não só no que tange ao despedimento coletivo, mas, inclusive, no que ao despedimento com justa causa diz respeito. Porquê?

XXVII. Para responder a esta questão, importa, uma vez mais, inserir o instituto do despedimento com justa causa na economia global deste específico contrato de trabalho. Como resulta do disposto no art. 24.º desta lei, sendo o praticante desportivo alvo de um despedimento com justa causa, tal fá-lo-á incorrer em responsabilidade pelos danos causados, dando à entidade empregadora o direito à correspondente indemnização. Ainda assim, e em comparação com o que sucede na relação laboral comum, não será muito frequente que a entidade empregadora, mesmo perante um comportamento infracional grave por banda do praticante desportivo, opte pelo respetivo despedimento com justa causa. Em muitos casos – designadamente nos casos em que o praticante tem alguma cotação no mercado de trabalho desportivo –, a entidade empregadora preferirá puni-lo recorrendo a outro tipo de medidas disciplinares (medidas conservatórias, como a multa ou a suspensão do trabalho) e, em simultâneo, poderá colocar o praticante «no mercado», isto é, manifestar a sua disposição de transferir o atleta, caso surja alguma proposta razoável nesse sentido.

XXVIII. Vale isto por dizer que a menor importância da figura do despedimento no seio deste particular contrato de trabalho, quando comparada com a que possui no contrato de trabalho comum, encontra a sua explicação causal no facto de o praticante representar, por vezes, um não negligenciável «ativo desportivo» para as entidades empregadoras, constituindo como que uma «mercadoria» avaliável em dinheiro e... «vendável»! Ora, para que uma entidade empregadora possa «vender» um praticante desportivo – ou, segundo a menos crua terminologia bolsístico-financeira tão em voga, para que possa mobilizar esse ativo desportivo –, é indispensável que o tenha sob contrato (= vinculado), isto é, que não o tenha já despedido. Com efeito, a circunstância de ser titular de um determinado contrato de trabalho desportivo traduz-se, em certo sentido, numa posição de privilégio para a respetiva entidade empregadora. Esta, e só esta, detém o praticante sob contrato, como que retendo-o em seu poder (no léxico desportivo: é titular dos direitos sobre o «passe» do atleta, dos chamados "direitos económicos"), pelo que, ainda que este cometa graves infrações disciplinares, a entidade empregadora raramente estará disposta a abrir mão do seu «privilégio contratual» em proveito de outrem (salvo, é claro, se o praticante em questão não tiver outras entidades interessadas em adquirir os seus serviços desportivos). Em suma, a decisão patronal de despedimento dependerá aqui, não só da gravidade e da censurabilidade da(s) conduta(s) do praticante desportivo, mas ainda, e sobretudo, de uma ponderação contabilística: a entidade empregadora calculará quanto lhe poderia render uma eventual transferência ou cedência do atleta e comparará esse valor com aquele que poderia atingir a indemnização a pagar pelo praticante, ao abrigo do art. 24.º da presente lei. Na eventualidade, que amiúde se verifica, de o montante esperado pela transferência ou cedência exceder o montante desta indemnização, não haverá então lugar, em princípio, para o despedimento do praticante.

XXIX. Se o despedimento surge, no contrato de trabalho desportivo, como uma pálida sombra daquilo que representa na relação laboral comum, já no tocante à *demissão* – isto é, à rutura contratual por iniciativa do trabalhador – sucede, precisamente, o contrário. Saber em que termos poderá um praticante desportivo desvincular-se *ante tempus* e quais as consequências resultantes dessa desvinculação antecipada, sobretudo se for considerada ilícita, eis temas que assumem uma excecional importância nesta sede. Vistas as coisas na ótica da parte afetada pela decisão extintiva, dir-se-ia que, enquanto na relação laboral comum o despedimento provoca, não raro, consequências dramáticas sobre o trabalhador (em virtude da perda do emprego), já na relação laboral desportiva a demissão do praticante acarreta, amiúde, perturbações significativas para a respetiva entidade empregadora (em virtude da perda do atleta).

XXX. Encontrando-se as formas através das quais o contrato de trabalho comum se poderá extinguir previstas no art. 340.º do CT, o confronto entre esta disposição codicística e o art. 23.º da presente lei logo patenteia o desvio fundamental introduzido pelo legislador em sede de cessação do contrato de trabalho desportivo: ao passo que, à luz do regime geral, o trabalhador pode rescindir o contrato por sua iniciativa, licitamente, *com* ou mesmo *sem justa causa* (resolvendo-o ou denunciando-o, respetivamente), no domínio do contrato de trabalho desportivo apenas lhe é lícito rescindi-lo *com justa causa* (deixando de lado, por agora, a possibilidade de no mesmo ser introduzida uma "cláusula de rescisão", nos termos do art. 25.º). Ou seja, para o CT, a justa causa legitima o trabalhador a fazer cessar *imediatamente* o contrato, dispensando-o de dar o correspondente aviso prévio à entidade empregadora; já para o presente diploma, a justa causa habilita o praticante desportivo a fazer cessar *licitamente* o contrato. Noutra perspetiva, dir-se-ia que, enquanto a ausência de justa causa importa, para o trabalhador comum, o dever de respeitar o prazo de aviso prévio, caso entenda demitir-se, já para o praticante desportivo tal ausência significa que, em princípio, ele deverá respeitar o período contratual estipulado, abstendo-se de se demitir *ante tempus.*

XXXI. Pelo exposto, sendo o contrato de trabalho desportivo um contrato a termo, pode concluir-se que o regime jurídico das suas formas de extinção o converte num contrato sujeito a um *termo estabilizador.* Na verdade, quanto a este aspeto há que distinguir duas modalidades de termo resolutivo: *i)* aquela em que o termo limita a duração do contrato, mas sem que qualquer vínculo especial de estabilidade seja estabelecido e podendo o mesmo ser unilateralmente denunciado por qualquer das partes (ou, pelo menos, por uma delas); *ii)* aquela em que o termo fixa a duração do contrato, mas, simultaneamente, garante a sua estabilidade até ao fim do respetivo prazo, não permitindo a denúncia antecipada do mesmo. No primeiro caso, depara-se-nos um termo limitativo; no segundo, um termo estabilizador.

XXXII. Pois bem: do ponto de vista do trabalhador comum, o art. 400.º do CT, reconhecendo que o direito de livre desvinculação é um corolário da liberdade de trabalho, institui um sistema de termo limitativo, pois aquele trabalhador é livre de denunciar o contrato antes do termo, é livre de o rescindir sem justa causa, encontrando-se apenas adstrito a pré-avisar a entidade empregadora; já ao praticante desportivo não é concedida semelhante faculdade, sendo ilícita, em princípio, a denúncia antecipada do contrato – o praticante só poderá rescindi-lo se para tanto possuir justa causa, a sua liberdade de desvinculação é fortemente restringida, qualificando-se o termo, portanto, como termo estabilizador. Assim, se um contrato de trabalho desportivo for celebrado, por exemplo, por três épocas, ele durará, em princípio, essas três épocas, a nenhuma das partes sendo permitida a denúncia *ad nutum* ou *ad libitum* do mesmo.

XXXIII. Que razões justificarão que se institua um tão exigente regime para a demissão do praticante desportivo? Por que motivo não se observa aqui, ainda que com as devidas adaptações, o regime geral do contrato de trabalho? A doutrina tem apontado várias razões que legitimariam um regime restritivo nesta matéria. Invoca-se, designadamente, que, ao contrário do que sucede com o trabalhador comum, o praticante desportivo é dificilmente substituível, sendo a sua inopinada demissão suscetível de provocar efeitos desportivos devastadores sobre o conjunto da equipa, assim privada, porventura, de um dos seus melhores elementos. Ora, este tipo de argumentação poderá colher, mas não basta, do nosso ponto de vista, para explicar cabalmente as razões do estabelecimento de um regime especial para a demissão do praticante desportivo. Na verdade, ao cercear a liberdade de desvinculação *ante tempus* do praticante, não se visa apenas, nem porventura principalmente, proteger os interesses da sua entidade empregadora. Visa-se, em primeira linha, *tutelar a própria competição desportiva*. Sem tais regras disciplinadoras do mercado de trabalho desportivo, alega-se, a saúde da competição desportiva correria sérios riscos. Com efeito, ao rejeitar o sistema de demissão *ad nutum*, o ordenamento jurídico restringe a concorrência, de outro modo desenfreada, entre os diversos clubes/empresas no tocante à contratação de praticantes desportivos, preservando uma relativa estabilidade dos quadros competitivos – estabilidade necessária, quer ao processo de construção de uma equipa, quer ao processo de identificação dos adeptos com esta – e atenuando a dinâmica de concentração dos praticantes mais qualificados nos clubes de maiores recursos financeiros – concen-

CONTRATO DE TRABALHO DESPORTIVO

tração que, em última análise, afeta o equilíbrio competitivo e pode fazer perigar a incerteza do resultado, condimento indispensável ao sucesso da indústria do desporto profissional. Como tivemos já ensejo de sublinhar, estamos aqui, em certo sentido, perante uma renovada manifestação do conhecido princípio *pacta sunt servanda:* os contratos devem ser pontualmente cumpridos, *maxime* no que aos prazos livremente estipulados pelas partes contratantes diz respeito.

XXXIV. É óbvio, porém, que a tutela do equilíbrio contratual e a salvaguarda da própria justiça contratual impõem que o praticante desportivo possa desvincular-se *ante tempus,* verificando-se determinadas ocorrências anómalas, perturbadoras daquele equilíbrio e lesivas desta justiça. Por isso mesmo, o presente artigo não deixa de incluir a *resolução* com justa causa por inici*ativa do praticante desportivo* no elenco das formas de cessação deste contrato de trabalho (n.º 1, al. *d)*). E a lei esclarece que se entende como justa causa, para estes efeitos, o incumprimento contratual grave e culposo, por banda da entidade empregadora, que torne praticamente impossível a subsistência da relação laboral desportiva (n.º 3 deste artigo). A noção de justa causa de resolução por iniciativa do praticante desportivo, vertida na presente norma, é, pois, mais estreita e exigente do que a noção de justa causa de resolução do contrato pelo trabalhador comum, vertida no art. 394.º do CT.

XXXV. Para além dos deveres que impendem sobre qualquer empregador, a entidade empregadora desportiva está também vinculada à observância de certos deveres especiais, enunciados no art. 11.º desta lei, bem assim como ao respeito dos direitos de personalidade do praticante e à proibição de assédio, nos termos do art. 12.º. Logicamente, a violação de algum daqueles deveres ou desta proibição, de forma grave e culposa, poderá constituir justa causa de demissão para o praticante desportivo.

XXXVI. A faculdade de denúncia do contrato por iniciativa do praticante desportivo pode, porém, ser contratualmente convencionada, como estabelece o n.º 1-*g)* deste preceito, remetendo para o disposto no art. 25.º. Trata-se, como melhor veremos *infra*, em anotação a esse art. 25.º, da expressa previsão da possibilidade de introdução das chamadas "cláusulas de rescisão" no contrato de trabalho desportivo. O problema, aqui, não está tanto na possibilidade de estipular esta faculdade de denúncia contratual por iniciativa do praticante, mas sim no preço proibitivo que amiúde é fixado para o exercício de tal faculdade...

XXXVII. Sobre a possibilidade de denúncia por qualquer das partes, durante o período experimental, remete-se para o disposto no art. 10.º e respetiva anotação.

XXXVIII. O n.º 4 deste artigo remete para a convenção coletiva a possibilidade de estabelecer e regular o direito de o praticante desportivo resolver o contrato de trabalho em caso de escassa ou nula participação sua nas competições oficiais, ao longo da época desportiva. Dá-se, assim, acolhimento na lei, mas sob reserva de contratação coletiva, àquilo que no futebol se designa, um tanto impropriamente, por "justa causa desportiva". Note-se que, na falta de criação convencional desta figura e resultando a não participação do praticante na competição desportiva da legítima opção técnica do treinador, o praticante não terá base para invocar qualquer justa causa de resolução (remete-se, a este propósito, para o disposto no art. 11.º, al. *b*), da presente lei, e respetiva anotação). Isto, claro, sem prejuízo de outras hipóteses de não utilização do praticante na competição, ditada por razões menos confessáveis e extradesportivas, as quais, como referimos, podem constituir assédio moral e, por essa via, legitimar a rutura contratual por iniciativa do praticante desportivo, ao abrigo do disposto nos n.º 1-*d*) e 3 deste artigo.

XXXIX. Tendo presente o regime jurídico do contrato de trabalho desportivo, em especial o regime da cessação deste contrato, compreende-se a problemática dos chamados "direitos económicos" sobre o praticante, usualmente contrapostos aos chamados "direitos federativos". Com efeito, a vinculação contratual do atleta, proporcionada pelo supramencionado termo estabilizador, permite que este seja considerado como um elemento do "ativo patrimonial" da entidade empregadora desportiva. É precisamente por não ser reconhecida ao praticante desportivo a liberdade de denunciar, a todo o tempo e *ad nutum*, o respetivo contrato de trabalho, que a entidade empregadora poderá tentar

CONTRATO DE TRABALHO DESPORTIVO

"negociar" esse praticante, *medio tempore*, a troco de uma contraprestação patrimonial. A entidade empregadora desportiva é, portanto, titular de uma "expectativa de ganho" com a eventual transferência ("venda") do atleta, efetuada esta durante o período de vigência do respetivo contrato de trabalho. Ora, repete-se, como se processa a transferência do atleta, durante o período de vigência do respetivo contrato de trabalho desportivo? Como se disse, destacam-se, neste campo, duas hipóteses nucleares: *i)* através da união ou coligação de três negócios jurídicos distintos mas interdependentes (o contrato de transferência celebrado entre os clubes de origem e de destino, a revogação prematura do contrato de trabalho que ligava o atleta ao clube "vendedor" e a celebração sucessiva de um novo contrato de trabalho entre o atleta e o clube "comprador"; *ii)* através da demissão unilateralmente promovida pelo atleta, em regra mediante o pagamento ao clube de origem do valor previsto na "cláusula de rescisão" constante do contrato de trabalho dissolvido. Em qualquer destes casos, o clube de origem do atleta receberá uma "compensação" ou "indemnização", quer esta seja estabelecida por acordo com o clube de destino do atleta (1.ª hipótese), quer esta se encontre estabelecida no próprio contrato de trabalho prematuramente dissolvido pelo atleta (2.ª hipótese).

XL. Em princípio, o clube/entidade empregadora, titular dos chamados "direitos federativos ou desportivos" (que se traduzem, basicamente, no direito de utilizar em exclusivo o atleta na competição desportiva, colhendo os respetivos proveitos), é também titular de 100% dos chamados "direitos económicos" (isto é, da "expectativa de ganho" a que acima se aludiu). Significa isto que o praticante, enquanto elemento do património do clube e possível fonte de mais-valias para este, é considerado mercadoria? A resposta é clara e é claramente negativa: não, porque em todas aquelas operações de transferência do atleta é indispensável o seu consentimento pessoal, a sua declaração de concordância. Com efeito, o praticante não é nem pode ser transferido sem ou contra a sua vontade, o praticante transfere-se, dando o seu acordo para a revogação do contrato com o clube de origem e para a celebração de um novo contrato com o clube de destino (1.ª hipótese) ou acionando ele mesmo, unilateralmente, a "cláusula de rescisão" (2.ª hipótese).

Neste sentido, o praticante é, sempre, um sujeito da transferência, ele não é, jamais, um mero objeto da mesma.

XLI. Os "direitos económicos" da entidade empregadora desportiva são, pois, direitos condicionais, vale dizer, direitos sujeitos a uma condição suspensiva – futura e eventual transferência do atleta –, a qual sempre carece do assentimento pessoal deste último para que se verifique. Isto porque, vale a pena sublinhar, se o atleta não aceitar as propostas de transferência que eventualmente lhe sejam apresentadas e, pelo contrário, resolver cumprir na íntegra o respetivo contrato de trabalho desportivo, até que o mesmo expire por caducidade (respeitando escrupulosamente o conhecido princípio *pacta sunt servanda*), então o evento condicionante não se verificará e os "direitos económicos" do clube empregador tenderão a reduzir-se a... zero, pois o praticante desportivo converter-se-á então num *free agent*.

XLII. Sucede, entretanto, que se vem assistindo nesta matéria a um crescente fenómeno de dissociação entre os "direitos federativos" e os "direitos económicos": ambos resultam do contrato de trabalho (em rigor, os "direitos federativos" resultam do registo do contrato de trabalho na respetiva federação desportiva), mas a titularidade destes últimos direitos pode caber, total ou parcialmente, a terceiros estranhos à relação laboral desportiva, nos termos de "contratos de investimento ou de financiamento" celebrados entre o clube-empregador e o terceiro-investidor, através dos quais aquele cede a este, a título oneroso, uma determinada percentagem de tais direitos económicos. Note-se, porém, que a dissociação entre direitos federativos e direitos económicos não supõe, necessariamente, a presença de um terceiro investidor: figure-se a hipótese, relativamente comum, de num contrato de transferência os clubes envolvidos estabelecerem uma *sell-on clause*, concedendo ao clube de origem uma percentagem dos direitos económicos sobre o atleta transferido. Neste caso, os direitos económicos são repartidos entre os dois clubes envolvidos na operação (*club-club co-ownership*).

XLIII. O negócio entre o clube empregador (titular dos direitos federativos e alienante, em regra, de uma parte dos direitos económi-

CONTRATO DE TRABALHO DESPORTIVO

cos) e o terceiro investidor (ou o outro clube, na hipótese acima figurada) consiste, então, numa operação de cessão de créditos, cuja admissibilidade de princípio resulta do disposto no art. 577.º, n.º 1, do CCivil. O crédito constitui um elemento do património do respetivo titular, o crédito representa um valor patrimonial realizável pelo interessado, antes mesmo de atingir o seu vencimento, o crédito pode também ser, por isso, um objeto de comércio jurídico. Trata-se, pois, no caso em apreço, da *cessão de um crédito futuro e condicional*, consistindo o evento condicionante na transferência do praticante durante o período de vigência do contrato de trabalho desportivo: e esta, note-se, é uma condição mista, pois depende, em parte, de terceiros, desde logo do próprio atleta. A posição do titular dos "direitos económicos" cifra-se assim, em rigor, numa esperança ou, quando muito, numa expetativa jurídica: a expectativa da eventual aquisição do crédito que o negócio tende a conferir-lhe; ele tem, apenas, direito a um direito futuro e eventual, dependente da verificação da condição – a transferência do praticante desportivo.

XLIV. Pelas razões expostas, a nosso ver o fenómeno dos "direitos económicos" (do clube empregador, de mais do que um clube ou até de terceiros investidores) não constitui, em si mesmo, um atentado aos direitos dos praticantes desportivos. A *ownership* não se refere à pessoa do atleta nem obnubila os seus direitos enquanto trabalhador do desporto. A *ownership* significa, isso sim, a titularidade de direitos de natureza patrimonial resultantes da eventual transferência desse atleta para um outro clube empregador, mediante um preço. A *ownership* traduz-se, afinal, no direito a quinhoar nesse preço. Em princípio, esse preço reverteria, integralmente, para o clube de origem (clube "vendedor"). Mas, nos termos do contrato de investimento adrede celebrado, o clube de origem, quiçá na mira de obter financiamento para as suas atividades, pode ter alienado uma parte dos seus "direitos económicos", de tal sorte que, consumada que seja a transferência do atleta, os proventos resultantes da mesma sejam distribuídos pelo clube de origem e pelo terceiro investidor/financiador. Capitalismo desportivo? Sem dúvida, e ao mais alto nível. Reificação ou coisificação do atleta, redução do mesmo ao estatuto de *res*? De forma alguma, na justa medida em que a palavra do atleta é condição *sine qua non* para qualquer eventual transferência sua.

Artigo 24.º – Responsabilidade das partes pela cessação do contrato

1 – Nos casos previstos nas alíneas c) e d) do n.º 1 do artigo anterior, a parte que der causa à cessação ou que a haja promovido indevidamente deve indemnizar a contraparte pelo valor das retribuições que ao praticante seriam devidas se o contrato de trabalho tivesse cessado no seu termo.

2 – Pode ser fixada uma indemnização de valor superior ao que resulta da aplicação do número anterior, sempre que a parte lesada comprove que sofreu danos de montante mais elevado.

I. Em sede de responsabilidade das partes pela cessação do contrato, o n.º 1 deste artigo, ao remeter para as alíneas *c)* e *d)* do n.º 1 do artigo anterior, estabelece as consequências jurídicas dessa cessação em quatro hipóteses: a) despedimento com justa causa promovido pela entidade empregadora desportiva; b) despedimento sem justa causa promovido pela entidade empregadora desportiva; c) demissão com justa causa por iniciativa do praticante desportivo; d) demissão sem justa causa por iniciativa do praticante desportivo. Em princípio, e de acordo com esta norma, «a parte que der causa à cessação ou que a haja promovido indevidamente [o praticante nas hipóteses a) e d), a entidade empregadora nas hipóteses b) e c)] deve indemnizar a contraparte pelo valor das retribuições que ao praticante seriam devidas se o contrato de trabalho tivesse cessado no seu termo». Ou seja, o responsável pela rutura do contrato de trabalho desportivo – seja porque, com a sua conduta ilícita e culposa, deu causa à cessação do contrato promovida pelo outro contraente, seja porque promoveu indevidamente, ele mesmo, a morte prematura do contrato, despedindo sem justa causa ou demitindo-se sem justa causa – terá de ressarcir a parte lesada. E, em princípio, o *quantum* indemnizatório corresponderá ao montante das chamadas "retribuições vincendas", aquelas que o praticante deveria receber se o contrato de trabalho desportivo fosse integralmente cumprido, até à verificação do respetivo termo resolutivo.

II. Compreende-se a solução vertida na lei. Em qualquer das hipóteses acima descritas, o responsável pela cessação do contrato, aquele que a causou ou que a desencadeou, responde pelo período de "frustração contratual", correspondendo a medida da indemnização, em princípio,

CONTRATO DE TRABALHO DESPORTIVO

ao montante das retribuições vincendas. Afinal, esse era o valor que as partes haviam atribuído à atividade que o praticante iria prestar, caso o contrato fosse normalmente cumprido, pelo que esse mesmo será, em princípio, o montante a pagar pela parte que dá causa à cessação ou que a promove indevidamente. Neste caso, a parte lesada nem sequer terá de provar que sofreu tais danos, a lei associa-os, de forma como que automática, *à forfait*, à rutura prematura do contrato, mensurando-os em montante equivalente ao das retribuições vincendas.

III. O n.º 2 estabelece, porém, que poderá ser fixada uma indemnização de valor superior ao montante das retribuições vincendas, «sempre que a parte lesada comprove que sofreu danos de montante mais elevado». Se, por exemplo, o despedimento sem justa causa causar danos superiores ao praticante (p. ex., danos não patrimoniais), este poderá ser ressarcido desses mesmos danos; ou se, por exemplo, a demissão sem justa causa promovida pelo praticante causar danos superiores à entidade empregadora desportiva (porque, p. ex., esta tinha desembolsado uma verba considerável aquando da sua contratação), tais danos serão igualmente ressarcíveis. Ponto é – agora sim, diferentemente do que sucede com o n.º 1 do preceito – que a parte lesada comprove que sofreu tais danos de montante mais elevado do que a importância correspondente às retribuições vincendas.

IV. Vale isto por dizer que, nesta matéria, a presente lei se afasta substancialmente do regime que havia sido estabelecido, a este propósito, no polémico art. 27.º da Lei n.º 28/98. Com efeito, na lei ora revogada não se estabelecia qualquer montante mínimo para a indemnização a pagar pelo responsável, antes fixava-se um teto máximo e inultrapassável, correspondente ao valor das retribuições vincendas. Agora, ao invés, o valor das retribuições vincendas funciona como limite mínimo da indemnização a pagar pelo responsável, como verba que este sempre deverá pagar por ter dado causa à cessação do contrato ou por ter desencadeado a rutura indevida do mesmo – não mais relevando, para este efeito, o chamado *aliunde perceptum*, isto é, as importâncias que o praticante venha a auferir de outra entidade empregadora pela atividade desportiva prestada após a cessação do contrato –, mas esse valor poderá ser ultrapassado (dir-se-ia:

largamente ultrapassado) sempre que se comprove que a rutura contratual causou danos mais elevados ao lesado. O n.º 2 deste preceito acolhe, assim, um *princípio de reparação integral do dano*, que o art. 27.º/1 da Lei n.º 28/98 rejeitava.

V. Por outro lado, e em sede de despedimento ilícito, é sabido que a Lei n.º 28/98 tinha optado por consagrar o princípio da *reintegração* do praticante desportivo despedido, no n.º 2 do seu art. 27.º. Sempre tivemos sérias dúvidas quanto à bondade daquela solução legal. A nosso ver, as características próprias da relação de trabalho do praticante desportivo – relação marcada por uma acentuada personalização, relação alheia à objetivação e ao anonimato típicos da grande empresa, relação na qual a confiança recíproca e o sentido de equipa assumem especial relevo – tornam desaconselhável que aqui se imponha a manutenção do vínculo contratual contra a vontade do empregador, autor do despedimento ilícito. Com efeito, a relação laboral desportiva desenvolve-se, tipicamente, no quadro de um pequeno coletivo de praticantes (pouco mais de vinte no caso do futebol, menos do que isso nos casos do basquetebol, do andebol, do hóquei, do voleibol, do ciclismo...), todos eles membros da mesma equipa. A relação que se estabelece entre cada um dos praticantes, os respetivos superiores hierárquicos (*maxime* o treinador) e a entidade empregadora desportiva em nada se assemelha ao anonimato característico da grande empresa fabril ou do grande espaço comercial. Em regra, obrigar a entidade empregadora desportiva a reintegrar um praticante ilicitamente despedido não proporcionará qualquer vantagem real a esse praticante desportivo – a reintegração far-se-á, o praticante participará nos treinos e em outras atividades preparatórias ou instrumentais da competição, mas será, com toda a probabilidade, sistematicamente preterido aquando da disputa da própria competição, justamente aquilo que mais lhe interessa do ponto de vista da sua valorização profissional –, podendo, isso sim, ter efeitos nefastos sobre o conjunto da equipa – a presença não desejada do praticante despedido, a sua mais que provável exclusão da competição, a conflitualidade latente (no mínimo...) entre o praticante e a entidade empregadora, tudo é suscetível de desestabilizar o conjunto da equipa, de perturbar e degradar o ambiente, em suma, de inviabilizar a existência de um «bom balneário».

CONTRATO DE TRABALHO DESPORTIVO

VI. Vale isto por dizer que a reintegração imposta não basta para assegurar a valorização profissional do praticante desportivo e produzirá, não raro, efeitos perniciosos no seio da equipa. Mostra-se preferível (mais adequado, mais sensato), por isso, que a presente lei tenha optado por outra solução, por um sistema segundo o qual o vínculo contratual não é aqui coercível, não podendo subsistir se contar com a oposição de alguma das partes, inclusive da parte empregadora. Assim sendo, o despedimento sem justa causa dará lugar, obviamente, a uma obrigação de indemnizar o praticante desportivo, mas produzirá o efeito pretendido pela entidade empregadora: a extinção do contrato. Em suma, dir-se-ia que a voluntariedade da relação desportiva não convive facilmente com a coercibilidade do vínculo jurídico-laboral do praticante, pelo que a presente lei prescindiu, e bem, da tutela reintegratória neste domínio, optando por um sistema meramente ressarcitório (responsabilidade pelos danos).

VII. Apesar de a lei o não dizer expressamente, cremos que este art. 24.º encontrará também aplicação em caso de *despedimento coletivo* que venha a ser declarado ilícito pelo tribunal. Também neste caso a entidade empregadora deverá indemnizar o praticante desportivo, nos moldes previstos nos dois números deste preceito. Com efeito, a presente lei afasta-se, decididamente, da assimilação do despedimento ilícito ao despedimento inválido, ao invés do que sucede no domínio do CT, por força do disposto nos seus arts. 389.º a 393.º. Neste caso, repete-se, o despedimento, individual ou coletivo, ainda que seja declarado ilícito, sempre permanecerá válido e eficaz, reconduzindo-se a sua ilicitude à mera irregularidade, isto é, dando azo ao pagamento de uma indemnização à parte lesada pela rutura unilateral. E, note-se, o despedimento ilícito será eficaz (tal como, aliás, a demissão ilícita), não apenas no plano das relações *inter partes*, por implicar a cessação do vínculo contratual, mas também no plano desportivo, contanto que seja cumprido o disposto no art. 27.º

VIII. A articulação entre o disposto neste artigo e no artigo seguinte, relativo às chamadas "cláusulas de rescisão", pode dar azo a dúvidas. Suponhamos, por exemplo, que um praticante desportivo, em cujo contrato foi estabelecida uma "cláusula de rescisão" no valor de x, invoca justa causa e resolve o contrato de trabalho, alegadamente ao abrigo do disposto no art. 23.º, n.º 1-*d*). Porém, chamado a pronunciar-se sobre o litígio, o tribunal declara a improcedência da justa causa invocada pelo praticante desportivo, pelo que este terá de indemnizar a entidade empregadora pela rutura do contrato. Pergunta-se: a indemnização será fixada nos moldes do art. 24.º, tendo em conta os danos comprovadamente sofridos pela entidade empregadora? Ou, visto, segundo o tribunal, não haver justa causa, o praticante deverá indemnizar a entidade empregadora nos termos do art. 25.º, pagando o valor inscrito na "cláusula de rescisão"? Numa visão sistemática, cremos que, tendo sido estipulada uma "cláusula de rescisão", esse será, em princípio, o preço a pagar pelo praticante desportivo que se demita sem justa causa – e isto, quer se trate de um caso em que o praticante assume a ausência de justa causa e exerce a faculdade de denunciar o vínculo, ao abrigo do art. 25.º, quer se trate de um caso em que o praticante invoca justa causa para resolver o contrato, ao abrigo do art. 23.º, n.º 1-*d*), vindo essa alegada justa causa a ser declarada improcedente pelo tribunal. Vale dizer, a medida da indemnização devida, em ambos os casos, deve corresponder ao montante previsto na "cláusula de rescisão" – mas isto, como é óbvio, sem prejuízo da faculdade de o tribunal reduzir o montante convencionado pelas partes, de acordo com a equidade, se o mesmo se revelar manifestamente excessivo, conforme dispõe o n.º 2 do art. 25.º

Artigo 25.º – Denúncia por iniciativa do praticante

1 – As partes no contrato de trabalho desportivo podem estipular o direito de o praticante fazer cessar unilateralmente e sem justa causa o contrato em vigor, mediante o pagamento à entidade empregadora de uma indemnização fixada para o efeito.
2 – O montante convencionado pelas partes pode ser objeto de redução pelo tribunal, de acordo com a equidade, se for manifestamente excessivo, designadamente tendo em conta o período de execução contratual já decorrido.

I. Contratado a termo, por um prazo que, recorde-se, poderá atingir umas longas cinco épocas desportivas, não raro o praticante desportivo acaba por ver-se, *medio tempore*, numa situação em que aquilo que antes queria deixou de corresponder àquilo que presentemente quer. Para isso poderão concorrer múltiplas, quando não inumeráveis, razões: o praticante desportivo pode sentir-se desapontado em termos profissionais, porque é pouco ou nada utilizado na competição, porque o ambiente de trabalho é mau (dificuldades de relacionamento com os colegas de equipa, desentendimentos com o treinador ou com os dirigentes, hostilidade dos sócios do clube...), etc.; sinta-se ou não desapontado, ao praticante pode deparar-se a oportunidade de celebrar contrato de trabalho com outra entidade empregadora desportiva, em condições bem mais atrativas do que as atuais, inclusive do ponto de vista remuneratório (e a sua é, recorde-se, uma profissão efémera...); até por outro tipo de motivos, designadamente de ordem pessoal e/ou familiar, o praticante pode ter interesse em desvincular-se, em libertar-se das suas obrigações contratuais. O praticante pode até, no limite, pretender abandonar a profissão de desportista, para poder dedicar-se a outro tipo de atividades.

II. Nestes e noutros casos, *quid juris?* Dir-se-á: *pacta sunt servanda!* Só existindo justa causa a lei reconhece como legítima a rutura contratual operada por iniciativa unilateral do praticante desportivo. Na ausência de justa causa, a sua demissão será, em princípio, ilícita, dando azo à aplicação do disposto no art. 24.º. Mas isto, note-se, salvo se, ao abrigo do disposto no art. 23.º, n.º 1, al. *g)*, as partes tiverem convencionado a faculdade de denúncia do contrato, por iniciativa do praticante desportivo. Vale isto por dizer que, nos termos da lei, as partes dispõem de liberdade contratual para fixar, por acordo, o montante da indemnização a pagar pelo praticante que se demita *ante tempus* e sem justa causa, através de uma "cláusula de rescisão".

III. Neste contexto normativo, a "cláusula de rescisão" distancia-se claramente dos contornos típicos de uma cláusula penal, antes tendendo a analisar-se, segundo a lição de António Pinto Monteiro, numa autêntica *multa* ou *arra penitencial,* isto é, numa cláusula que concede ao praticante o direito a uma desvinculação *ad nutum*, mediante o pagamento à entidade empregadora desportiva de uma certa contrapartida pecuniária, o chamado "dinheiro de arrependimento". Ou seja, a cláusula confere ao praticante desportivo uma faculdade de livre arrependimento a cujo eventual exercício a contraparte fica sujeita, a troco da multa convencionada. Trata-se aqui, repete-se, do *expresso acolhimento, ao nível da lei, da* *figura das "cláusulas de rescisão", concebidas estas como autênticas multas peniten-ciais e não como cláusulas penais.* Destarte, sendo contratualmente estipulada, tal cláusula conferirá ao praticante o direito de extinguir o contrato de trabalho, sem justa causa, desde que pague a multa convencionada. Estamos, em suma, não perante uma *penalty clause*, mas face àquilo que, de forma bastante sugestiva, a doutrina anglo-saxónica designa por *buy--out clause.*

IV. Em tese, lendo a lei, parece que as "cláusulas de rescisão" surgem como autênticas *cláusulas liberatórias*, e não propriamente como *cláusulas liberticidas.* Em qualquer caso, a simples observação empírica atesta que no universo do desporto profissional as "cláusulas de rescisão" possuem, na sua grande maioria, um objetivo bem definido: efetuar a chamada (aliás sugestivamente) "blindagem do contrato", isto é, assegurar a intangibilidade do vínculo contratual, criando um *breach-proof contract.* Com efeito, as quantias acordadas atingem, não raro, valores astronómicos, da ordem de muitos milhões de euros, valores que se julgariam impensáveis, totalmente desproporcionados em relação aos danos previsíveis resultantes da rescisão do contrato *ante tempus* por banda do praticante desportivo. Pretende-se isso mesmo: blindar o contrato, garantir que o praticante o cumpre na íntegra (vale dizer, até que ele caduque pelo decurso do prazo), cortar cerce qualquer veleidade deste no sentido de se demitir. Não se trata, pois, de liquidar qualquer dano, de fixar antecipadamente o montante da indemnização, nem propriamente de atribuir um direito ao praticante desportivo; trata-se, isso sim, de incentivar o praticante a cumprir o contrato, de zelar pelo respeito efetivo das obrigações previamente assumidas.

V. Através destas "cláusulas de rescisão" milionárias, a entidade empregadora desportiva visa, portanto, um duplo objetivo: *i)* garantir o integral cumprimento do contrato por banda do praticante; *ii)* reservar para si um papel incontornável na eventual transferência do praticante desportivo *medio tempore.* Isto é, uma "cláusula de rescisão" de montante proibitivo impede o praticante de se demitir, pelo que a respetiva transferência sempre carecerá do assentimento da atual entidade empregadora, seja para revogar o contrato de trabalho com o praticante desportivo, seja para acertar as contrapartidas financeiras da transferência com o clube de destino.

VI. A verdade, porém, é que a referida blindagem do contrato, o indicado fortalecimento do vínculo, criam uma situação de iniludível "encarceramento contratual" do praticante desportivo, o qual se torna refém do contrato de trabalho, com todos os delicados problemas daí advenientes. Com efeito, a liberdade de trabalho, a liberdade de escolha e de exercício da profissão, a *freie Arbeitsplatzwahl*, é iniludivelmente posta em xeque por tais "cláusulas de rescisão" astronómicas. Sendo estipulada uma cláusula de valor exorbitante, como amiúde sucede, na prática o desportista vê-se impedido de se desvincular e de passar a exercer a respetiva atividade profissional ao serviço de outra entidade empregadora desportiva (o que, desde logo, vulnera a sua liberdade de exercício da profissão); na exata medida em que a referida cláusula coage o praticante a permanecer ao serviço da atual entidade empregadora, tal cláusula impede-o, outrossim, de mudar de profissão, de abandonar a profissão de praticante desportivo e de passar a exercer outro tipo de atividade profissional (o que, por seu turno, afeta a liberdade de escolha de profissão).

VII. É certo que, por vezes, o praticante desportivo acaba mesmo por acionar a "cláusula de rescisão", pagando ao empregador a verba estipulada e fazendo cessar o vínculo contratual. Trata-se, no entanto, de situações relativamente raras, nas quais, de resto, o encargo indemnizatório acaba por ser assumido por um terceiro (em regra, o clube que pretende contratar esse praticante) e não pelo próprio trabalhador demissionário. Ainda aqui, como se vê, o praticante fica refém do contrato de trabalho, apenas logrando desvincular-se porque surge, e na medida em que surja, um terceiro disposto a pagar a vultuosa quantia em causa e, assim, a resgatá-lo. O que só acontece, repete-se, em casos muito contados, dir-se-ia mesmo que excecionais.

VIII. Em suma, os próprios direitos fundamentais de que o trabalhador/praticante desportivo é titular conduzem, parece-nos, a uma singela conclusão: *o contrato de trabalho desportivo não é, não pode ser, "blindável", pois tal blindagem conduz, em linha reta, a algo não muito distante do trabalho for-*

çado. Daí, justamente, que, perante "cláusulas de rescisão" draconianas, o n.º 2 deste artigo permita a redução equitativa do montante pré-estabelecido, se ele for manifestamente excessivo (na linha, diga-se, do disposto no art. 812.º do CCivil).

IX. Este mecanismo corretor, fundado na equidade, poderá ser utilizado, desde logo, se o montante convencionado pelas partes for manifestamente excessivo, «designadamente tendo em conta o período de execução contratual já decorrido». Compreende-se, sem dificuldade, o propósito do legislador com esta indicação. O contrato de trabalho desportivo tem uma duração determinada, destina-se a ser executado ao longo de um certo período temporal, no termo do qual, em princípio, o contrato se extinguirá por caducidade, sem que qualquer importância seja então devida à entidade empregadora, caso o praticante se transfira depois disso. Deste ponto de vista, se tomarmos, por exemplo, um contrato de trabalho desportivo com a duração de cinco épocas desportivas e com uma cláusula de rescisão de determinado valor, entende-se que esse montante possa ter uma justificação, caso o praticante se demita no final da primeira época, que já não será idêntica se essa demissão ocorrer no final da quarta época: num caso, o praticante demite-se quanto ainda tinha 4/5 do contrato para cumprir; no outro, demite-se quando apenas faltava cumprir 1/5 do contrato (recorde-se que, nos termos do n.º 2 do art. 812.º do CCivil, é admitida a redução equitativa da cláusula, se a obrigação tiver sido parcialmente cumprida). Vale dizer, aponta-se aqui para uma certa ideia de *amortização gradual do valor da cláusula de rescisão*, à medida que o contrato vai sendo cumprido e se aproxima do seu termo, pois o período de frustração contratual, na ótica da entidade empregadora, é bem distinto naquelas duas hipóteses. E, repete-se, desde o Acórdão *Bosman*, uma vez cumprido na íntegra o contrato, o praticante poderá então transferir-se a custo zero.

X. O período de execução contratual já decorrido não é, porém, o único aspeto atendível nesta sede, como aliás resulta, com meridiana clareza, da letra da lei («designadamente»). Para esse efeito, outros fatores deverão ser tomados em conta, tais como, por exemplo, o montante da retribuição paga ao praticante ou a verba que, eventualmente, a entidade empregadora tenha despendido no mercado de trabalho desportivo para conseguir a sua contratação. Logicamente, uma cláusula de rescisão de montante elevado fará mais sentido em relação a um praticante muito bem pago e que tenha originado um investimento significativo por parte da entidade empregadora para a sua aquisição do que se se tratar de um praticante que aufira uma retribuição mais modesta e que tenha sido contratado a "custo zero" ou provenha dos escalões de formação do próprio clube (recorde-se, a este propósito, que as cláusulas de rescisão não se destinam a compensar o eventual esforço formativo por banda do clube, para isso existindo outros mecanismos jurídicos, máxime a chamada "compensação por formação, promoção ou valorização do jovem praticante desportivo", nos termos dos arts. 19.º e 34.º do presente diploma).

XI. Do que se trata, neste artigo, é da possibilidade de as partes convencionarem a faculdade de denúncia do contrato de trabalho desportivo por iniciativa do praticante, vale dizer, é da possibilidade de as partes estipularem o direito de o praticante fazer cessar unilateralmente e sem justa causa o contrato em vigor, mediante o pagamento à entidade empregadora de uma indemnização fixada para o efeito. Relembre-se, contudo, que, na ausência de uma tal estipulação contratual (isto é, na falta de uma "cláusula de rescisão" prevista no contrato), o praticante desportivo sempre poderá demitir-se *medio tempore*, sem justa causa, nos termos do disposto no art. 24.º deste diploma. Tratar-se-á, então, de uma demissão ilícita/irregular, de uma rutura contratual indevidamente promovida, que responsabilizará o praticante inadimplente (bem como, eventualmente, a sua nova entidade empregadora desportiva) nos termos do disposto nos arts. 24.º e 26.º da presente lei – a parte lesada pela rutura prematura do contrato deverá ser indemnizada pelos danos, por todos os danos, que comprovadamente tenham sido causados por tal demissão ilícita. Assim sendo, cremos que não fará sentido fixar, a título de "cláusula de rescisão", uma importância largamente superior à daqueles danos causados pela rutura injustificada do contrato, pois constituiria um autêntico *nonsense*, parece-nos, que o "dinheiro de arrependimento lícito" acordado pelas partes a título de multa penitencial/ cláusula de rescisão excedesse manifestamente o "dinheiro de demissão ilícita" resultante do disposto na lei, mais precisamente do n.º 2 do art.

24.º. Com efeito, pergunta-se, que sentido faria conceder ao praticante um direito, o direito de denunciar o contrato, em termos mais onerosos, para ele, do que os resultantes da ausência de um tal direito, isto é, de uma demissão ilícita?

XII. O que vem de ser dito implica, a nosso ver, que os tribunais não poderão deixar de ser rigorosos no controle do montante das "cláusulas de rescisão" estipuladas no contrato de trabalho desportivo, pois a prática parece vir revelando uma tendência para fixar valores exorbitantes e sem qualquer fundamento racional válido, antes correspondendo apenas ao desígnio (legítimo na ótica das entidades empregadoras desportivas, mas inadmissível numa ótica jurídico-laboral) de "blindar", a todo o custo, os referidos contratos de trabalho dos "seus" atletas.

XIII. Na economia da lei, a denúncia do contrato por iniciativa do praticante, ao abrigo do disposto neste artigo, não parece obrigar ao pagamento, em simultâneo, do montante inscrito na "cláusula de rescisão". O praticante pode, desde logo, denunciar o contrato e invocar que o montante convencionado é manifestamente excessivo, solicitando a sua redução pelo tribunal, de acordo com a equidade, ao abrigo do disposto no n.º 2 deste artigo. E o praticante desportivo poderá também demitir-se, invocando ter justa causa para o efeito, sendo que só depois da intervenção do tribunal se poderá apurar que tal justa causa não procede. Nesse caso, o praticante deverá ser condenado a pagar à entidade empregadora lesada uma importância correspondente ao montante inscrito na "cláusula de rescisão" – salvo, é claro, se o tribunal entender que o montante convencionado é manifestamente excessivo e o vier a reduzir, de acordo com a equidade. Ponto é, em qualquer caso, que o contrato se extingue após a comunicação da declaração de vontade extintiva do praticante (a qual deverá também ser feita às entidades que procedem ao registo do contrato, nos termos e para os efeitos do art. 27.º), podendo as questões relativas ao *se* e ao *quantum* indemnizatório ser relegadas para momento ulterior, após a correspondente decisão judicial. Naturalmente, o bom funcionamento do sistema reclama celeridade por parte do julgador, o que pode constituir mais um bom motivo para fazer intervir, nesta matéria, o TAD e não os tribunais do trabalho.

Artigo 26.º – Responsabilidade solidária

1 – Se o praticante fizer cessar o contrato unilateralmente e sem justa causa, presume-se que a nova entidade empregadora desportiva interveio, direta ou indiretamente, na cessação.

2 – Se a presunção não for ilidida, a nova entidade empregadora desportiva responde solidariamente pelo pagamento da indemnização devida pela cessação do anterior contrato.

3 – Sendo a indemnização satisfeita pela nova entidade empregadora desportiva, esta tem direito de regresso contra o praticante, na parte correspondente ao valor previsto no n.º 1 do artigo 24.º

4 – Sendo a indemnização satisfeita pelo praticante desportivo, este tem direito de regresso contra a entidade empregadora desportiva, na parte que exceda o valor previsto no n.º 1 do artigo 24.º

I. Ao abrigo da chamada *doutrina do terceiro cúmplice*, a entidade empregadora desportiva beneficia de uma espécie de *tutela dupla* em caso de incumprimento contratual por parte do praticante desportivo. Assim, *i)* ao demitir-se *ante tempus*, este responderá, naturalmente, perante aquela pela rutura antecipada e sem justa causa do vínculo; *ii)* porém, se tal demissão ilícita tiver sido instigada por outrem, se o praticante for aliciado por alguém (designadamente por um empregador concorrente) e induzido a desrespeitar os seus compromissos contratuais, então este terceiro responderá também perante a entidade empregadora lesada. À responsabilidade *contratual* do praticante desportivo somar-se-á, pois, a responsabilidade *extracontratual* do terceiro cúmplice que perturbou e inviabilizou o normal desenvolvimento daquela relação jurídico-laboral.

II. A problemática da responsabilidade do terceiro cúmplice não tem sido ignorada pela doutrina nacional. Bem ao invés, ela tem constituído objeto de aturada atenção entre nós, sendo normalmente analisada no quadro, mais vasto, do chamado "efeito externo das obrigações". A questão coloca-se nestes termos: o direito de crédito, a mais da tutela que lhe corresponde em face do devedor, será também protegido em face de terceiros? Será possível a violação daquele direito por um terceiro? Dever--se-á admitir a responsabilidade, ante o credor, do terceiro que tenha lesado o direito deste? O que se pergunta, em suma, é se nas obrigações, ao elemento *interno* (o direito contra o devedor) acresce ou não um elemento *externo* (o dever, a todos imposto, de respeitar o direito do credor, não impedindo o cumprimento nem colaborando no incumprimento).

III. A questão que ora nos compete dilucidar possui, no entanto, um âmbito bem mais limitado. Não se trata de aderir ou não, em tese geral, à doutrina do efeito externo das obrigações. *Trata-se de apurar se, neste especial contrato de trabalho – o contrato de trabalho desportivo – e nesta particular situação – a situação de "desvio" ou "desencaminhamento" de um praticante desportivo ainda sob contrato por parte de um empregador rival –, a doutrina do terceiro cúmplice merece, ou não, acolhimento.* Será ou não de admitir a responsabilidade do terceiro que coopera com o praticante desportivo na lesão do direito do credor/empregador, induzindo-o a demitir-se prematura e ilicitamente, e com ele celebrando um contrato de trabalho incompatível com o vínculo preexistente?

IV. Através do presente artigo, a lei responde afirmativamente àquela questão, cremos que com boas razões. Com efeito, é conhecida a peculiar lógica empresarial a que obedece a indústria do desporto profissional. O espetáculo desportivo é, necessariamente, coproduzido pelas empresas que aí operam. Estas competem entre si no plano desportivo e concorrem umas com as outras no respetivo mercado de trabalho (no que toca à contratação de praticantes), mas são também, inevitavelmente, parceiras no que à produção do espetáculo diz respeito, entre elas se registando uma interdependência bastante mais vincada do que a que é possível observar em outras áreas da atividade económica – por isso se dizendo, com razão, que entre elas se estabelece uma relação dúplice, de "competição-cooperação" ou de "oposição cooperativa". O indispensável condimento da incerteza do resultado e a correlativa necessidade de existência de um mínimo de equilíbrio competitivo entre os contendores postulam aqui uma razoável dose de solidariedade interempresarial – ou seja, a instituição de mecanismos baseados num *help-the-weak principle*.

V. Vistas as coisas a esta luz, a doutrina da responsabilidade do terceiro cúmplice ganha outra dimensão, perfilando-se como uma técnica

CONTRATO DE TRABALHO DESPORTIVO

de organização do mercado de trabalho desportivo, *rectius,* como uma técnica restritiva da concorrência neste mercado. Sabendo-se que toda a concorrência tende a suprimir-se, sendo auto-destrutiva, e sabendo-se também que, neste domínio, a lógica empresarial de modo algum passa pela eliminação das empresas concorrentes, parece legítimo concluir pela indispensabilidade de conceder alguma proteção ao empregador menos forte relativamente à concorrência que lhe é movida pelo empregador que o é mais (dir-se-ia, parafraseando Lacordaire, que entre o forte e o fraco é a liberdade que oprime...) – isto contanto, é claro, que não sejam aniquilados os direitos fundamentais que ao praticante desportivo, enquanto trabalhador, assistem.

VI. Consagrar, neste domínio e a este propósito, a doutrina do terceiro cúmplice, fazendo responder este último pelos danos (por todos os danos) causados pela rutura prematura do contrato de trabalho por iniciativa (induzida) do praticante, afigura-se, por conseguinte, constituir a solução mais adequada, tendo em conta os diversos interesses em presença. Assim sendo, em caso de demissão ilícita o praticante desportivo incorrerá em responsabilidade contratual perante o empregador, mas a medida da indemnização poderá, a final, estar limitada ao valor das retribuições vincendas (em virtude do direito de regresso previsto nos n.º 3 e 4). Porém, tendo a referida demissão ilícita resultado de uma atuação censurável de terceiro, que induziu o praticante a desvincular--se *ante tempus* e com ele celebrou um contrato de trabalho desportivo incompatível com o primeiro, então é razoável (dir-se-ia: é justo) que este terceiro cúmplice responda pelos danos resultantes da dissolução antecipada do contrato – isto é, pelos danos que excedam o montante das retribuições vincendas, caso a violação contratual para que concorreu origine danos que ultrapassem tal limite –, da qual foi, porventura, o principal causador. Trata-se, afinal, de fazer com que a tutela da entidade empregadora desportiva, não sendo particularmente *intensa* face ao praticante inadimplente, ganhe uma *extensão* que lhe permita responder de forma satisfatória às investidas de qualquer entidade empregadora concorrente, assim munindo este contrato de uma espécie de "couraça aquiliana".

LEI N.º 54/2017, DE 14 DE JULHO/**ARTIGO 26.º**

VII. De resto, sabe-se que o aliciamento ou desvio de trabalhadores por parte de empresas concorrentes é visto, há muito, como um típico ato de *concorrência desleal*. Isto, que é válido para qualquer área de atividade económica, é, ao que julgamos, particularmente válido no sector do desporto profissional, onde a lógica é, como se disse, a da "concorrência associativa". Aqui, o *terceiro* é, outrossim, um *parceiro* – alguém *contra* quem, mas também alguém *com* quem, se produzirá o espetáculo desportivo –, por isso mesmo se afigurando razoável sujeitá-lo a um código de conduta especialmente exigente nesta matéria. Com efeito, tendo presente o elevado grau de cooperação e interdependência que se verifica entre os diversos clubes/empresas, cabe perguntar se a maior solidariedade interempresarial que caracteriza esta indústria, quando comparada com as restantes, não reclamará, correspondentemente, uma acrescida lealdade concorrencial neste ramo de atividade e a consequente proscrição de quaisquer práticas de tipo *player-raiding*.

VIII. Uma resposta afirmativa, como a dada pelo presente artigo, só vem contribuir para reforçar a tese da aceitação, neste âmbito, da doutrina do terceiro cúmplice. A verdade é que esta é uma matéria em que se regista uma convivência nem sempre pacífica, um equilíbrio delicado e instável, entre as liberdades de concorrência e de trabalho, de um lado, e princípios jurídicos clássicos como o de *alterum non laedere*, de outro. Marcando as distâncias relativamente ao que se passa nas demais áreas da atividade económica, a peculiar lógica empresarial do desporto profissional reclama, como se disse, a introdução de determinadas restrições à livre concorrência interempresarial e à liberdade de trabalho do praticante desportivo. Ora, essa mesma lógica empresarial peculiar, que justifica certas restrições à liberdade concorrencial em nome da estabilidade contratual, justifica, a nosso ver, que aqui se dê uma especial ênfase ao brocardo *alterum non laedere*, responsabilizando o terceiro cúmplice – isto na justa medida em que a cumplicidade deste com o praticante inadimplente vem aqui a revelar-se merecedora de um particular juízo de censura.

IX. Em função do exposto, compreende-se que, neste artigo: *i)* se presuma a cumplicidade da nova entidade empregadora desportiva do praticante, quando este promova a rutura do contrato, *ante tempus* e sem justa causa (n.º 1); *ii)* se estabeleça a responsabilidade solidária da nova entidade empregadora desportiva pelo pagamento da indemnização devida em virtude da cessação do contrato, caso aquela presunção não seja ilidida (n.º 2); *iii)* se estabeleçam regras, em matéria de direito de regresso nas relações internas entre os condevedores (n.º 3 e n.º 4), que fazem com que a responsabilidade do praticante desportivo corresponda a um valor equivalente ao das retribuições vincendas (n.º 1 do art. 24.º), ao passo que a nova entidade empregadora desportiva responderá pelos danos que ultrapassem esse montante (n.º 2 do art. 24.º).

X. Ao abrigo deste preceito, a responsabilidade solidária da nova entidade empregadora desportiva existirá, em princípio, sempre que o praticante faça cessar o contrato unilateralmente e sem justa causa. Isto pode suceder, é claro, se o praticante se demitir sem apresentar justa causa para o efeito (ou invocando uma justa causa que o tribunal vem a considerar improcedente), exista ou não uma "cláusula de rescisão" no contrato, conforme disposto no art. 25.º desta lei. Assim, se o praticante se demitir ao abrigo do art. 25.º, a responsabilidade indemnizatória emergente, correspondente ao pagamento do montante previsto na "cláusula de rescisão" (sem prejuízo da eventual redução equitativa desse montante pelo tribunal), será assumida solidariamente pelo praticante demissionário e pela sua nova entidade empregadora, que se presume ter tido intervenção na rutura prematura do vínculo contratual. A responsabilidade solidária estabelecida neste artigo vale, pois, para todos os casos de demissão do praticante desportivo sem justa causa, quer exista (art. 25.º), quer não exista (art. 24.º) no contrato a chamada "cláusula de rescisão". Mais uma prova de que, em sede de "cláusulas de rescisão", a distinção entre a multa penitencial e a cláusula penal se revela, a final, pouco cortante e algo evanescente.

XI. Sobre as obrigações solidárias, em geral, *vd.* o disposto nos arts. 512.º a 533.º do CCivil. A obrigação é solidária, quando cada um dos devedores responde pela prestação integral e esta a todos libera (solidariedade passiva), sendo que o devedor que satisfizer o direito do credor além da parte que lhe competir tem direito de regresso contra cada um dos condevedores, na parte que a estes compete (art. 524.º).

Artigo 27.º – Comunicação da cessação do contrato

1 – A eficácia da cessação do contrato de trabalho desportivo depende da comunicação às entidades que procedem ao registo obrigatório do contrato, nos termos do disposto no artigo 7.º

2 – A comunicação deve ser realizada pela parte que promoveu a cessação, com indicação da respetiva forma de extinção do contrato.

3 – O vínculo desportivo tem natureza acessória em relação ao vínculo contratual e extingue-se com a comunicação prevista no presente artigo, podendo ser registado novo contrato, nos termos gerais.

I. À federação desportiva deverá ser dado conhecimento do nascimento do contrato de trabalho desportivo (art. 7.º), da mais significativa das suas vicissitudes (a cedência do praticante a uma terceira entidade, nos termos do art. 21.º) e da própria morte do contrato, de acordo com o disposto no n.º 1 do presente artigo. Mas, evidentemente, tal como o registo do contrato não é condição de validade do mesmo, também a comunicação aqui requerida não é condição da sua cessação: o contrato extingue-se pelas vias enunciadas no art. 23.º, independentemente desta comunicação, embora a respetiva omissão torne aquela extinção contratual ineficaz relativamente à federação desportiva em causa.

II. A comunicação da dissolução do vínculo contratual cabe, segundo o n.º 2, à parte que promoveu a cessação, ou seja, à entidade empregadora desportiva em caso de despedimento e ao praticante desportivo em caso de resolução ou denúncia. Na denúncia durante o período experimental a comunicação incumbirá, naturalmente, a quem tomar a iniciativa desvinculatória. Quando a cessação se der por acordo de ambas as partes (revogação) ou pela verificação de qualquer evento a que a lei ou as partes atribuam tal efeito (caducidade), parece que qualquer dos contraentes poderá comunicá-la à respetiva federação desportiva.

III. O n.º 3 é inovador (inspira-se, em certa medida, no § 6.º do art. 28 da chamada "lei Pelé", na sua redação inicial) e reveste-se, a nosso ver, de grande significado. Ao estabelecer, sem margem para equívocos, que *o vínculo desportivo tem natureza acessória em relação ao vínculo contratual* e que, por isso mesmo, *o vínculo desportivo se extingue com a comunicação prevista* *neste artigo*, pelo que, também por isso, *poderá ser registado novo contrato de trabalho desportivo, nos termos gerais*, a lei arranca do seguinte pressuposto: ao celebrar o contrato de trabalho, estipulando o respetivo prazo, o praticante desportivo fica, decerto, vinculado a cumpri-lo; como vimos, a sua vinculação mostra-se até, a este respeito, bastante mais intensa do que a do trabalhador comum, em virtude da rejeição legal do sistema da demissão *ad nutum* em sede de trabalho desportivo; contudo, essa intensidade tem limites, não parecendo que deva ir além de uma responsabilidade indemnizatório-patrimonial do praticante desportivo (e também, porventura, do terceiro que o venha a contratar), caso este dissolva o contrato *ante tempus*. Vale dizer, extinguindo-se, por qualquer forma, o contrato de trabalho – por caducidade, por revogação, por despedimento ou por demissão (lícita ou ilícita, regular ou irregular) –, o praticante desportivo gozará, em princípio, de inteira liberdade para continuar a desenvolver a sua atividade profissional onde e quando lhe aprouver, sendo admitido o registo de um novo contrato de trabalho e sendo tidas como nulas, em princípio, quaisquer normas convencionais ou regulamentares em sentido contrário.

IV. Note-se que o referido bloqueio, ainda que transitório, do exercício da atividade profissional do praticante desportivo deriva, muitas vezes, não de uma qualquer decisão dos tribunais, mas da simples atuação das instituições desportivas, em particular das federações desportivas, nacionais e internacionais, no uso ou abuso dos seus poderes regulamentares e de auto-organização. Procede-se, para este efeito, a uma duplicação de vínculos entre o praticante desportivo e o clube que o contratou: assim, entre as partes existe, por um lado, um *vínculo laboral*; por outro, um *vínculo desportivo*. A demissão do praticante, com ou sem justa causa, lícita ou ilícita, consumaria a desvinculação laboral deste, mas já a desvinculação desportiva só ocorreria existindo justa causa para essa demissão. Não existindo justa causa para a rescisão contratual, o praticante não lograria desvincular-se desportivamente do seu antigo clube/empregador, pelo que não poderia registar novo contrato e competir em representação de qualquer outro clube até à data em que expirasse o prazo do anterior contrato.

V. É o que sucede, desde logo, no âmbito do nosso futebol profissional, dado que, nos termos do art. 74.º, n.º 2, do *Regulamento de Competições* *da Liga Portuguesa de Futebol Profissional (época 2017/2018),* a participação de jogadores nas competições oficiais organizadas pela Liga depende de prévia inscrição e registo do contrato de trabalho desportivo na LPFP. Ora, segundo o art. 79.º do mesmo regulamento, «ficam automaticamente impedidos de registar novos contratos os jogadores que hajam rescindido, unilateralmente, o seu contrato de trabalho ou contrato de formação sem justa causa ou o mesmo seja feito cessar pelos clubes, com justa causa» (n.º 20), acrescentando o seu n.º 21 que «o impedimento produz efeitos até ao termo do contrato rescindido, salvo se o clube declarar que se acha totalmente ressarcido dos danos causados com a rescisão». Que dizer destas normas?

VI. Na nossa opinião, não cabe às instituições desportivas (federações desportivas e/ou ligas profissionais) regular o despedimento ou a demissão do praticante desportivo e estabelecer os respetivos efeitos. O despedimento ou a demissão, ocorram com ou sem justa causa, importam a extinção do respetivo contrato de trabalho e, consequentemente, a desvinculação do praticante relativamente à entidade empregadora desportiva. Assim, por exemplo, saber se, em caso de demissão ilícita por parte do praticante, este ficará apenas sujeito a pagar ao empregador determinada indemnização pecuniária, ou se poderá mesmo ser impedido de atuar ao serviço de outra entidade empregadora, é algo que às normas juslaborais (à lei, à convenção coletiva, etc.) e aos tribunais compete esclarecer, não às federações desportivas. Tendo o praticante desportivo o estatuto jurídico de *trabalhador por conta de outrem,* importa extrair as devidas consequências desse facto e proceder a uma adequada repartição de competências entre as instituições juslaborais e as instituições federativas. A autonomia regulamentar de que estas últimas usufruem não deve ser utilizada, como por vezes sucede, para invadir as esferas de competência alheia e atribuir este ou aquele efeito à demissão, lícita ou ilícita, do praticante/trabalhador, pois, em bom rigor, a regulamentação federativa não constitui fonte de Direito do Trabalho.

VII. Note-se: o que acima se escreve não significa que o praticante desportivo, demitindo-se, por exemplo, a meio de dada época desportiva, possa, ato contínuo, celebrar contrato com outra entidade empregadora

CONTRATO DE TRABALHO DESPORTIVO

e registá-lo, começando imediatamente a disputar as competições ao serviço desta última. Às federações desportivas compete regulamentar e dirigir a prática de uma determinada modalidade, nada as impedindo de, *por razões desportivas,* aprovarem regulamentos que inibam um praticante de disputar a mesma competição, na mesma época desportiva, ao serviço de dois (ou mais) clubes diferentes. Na verdade, a própria regularidade das provas desportivas requer uma certa estabilidade dos efetivos utilizados por aqueles que as disputam, estabilidade que, por sua vez, facilita o processo de identificação dos adeptos com os respetivos clubes. Demitindo-se o praticante (com ou sem justa causa, é indiferente do ponto de vista desportivo) após ter participado em determinada competição ao serviço da sua entidade empregadora, ele poderá, pois, ver-se impedido de disputar essa competição ao serviço de outro empregador. Diferentemente do que se passa na situação descrita *supra,* aqui as federações (e, sendo caso disso, as ligas de clubes) não exorbitam do seu poder regulamentar quando estabelecem este tipo de limitações, que se estribam em razões de cariz técnico-desportivo, *maxime* a de preservar a autenticidade da competição.

VIII. Destarte, não nos parece defensável a tese segundo a qual o remédio adequado para as situações de demissão ilícita (ou de despedimento com justa causa) seria impedir o praticante de exercer a sua atividade profissional ao serviço de outro empregador, por todo o tempo correspondente ao do contrato frustrado – medida esta, sem dúvida, eficaz (na ótica da estabilidade contratual e da regularidade das competições), mas gravosa em demasia para os direitos fundamentais do trabalhador/ praticante desportivo, sobretudo no que à liberdade de exercício da profissão diz respeito. Nesta perspetiva, e tendo em conta o regime jurídico do contrato de trabalho desportivo vertido na presente lei, máxime no n.º 3 deste artigo, afigura-se-nos ter aqui inteiro cabimento e atualidade a mais do que centenária afirmação do famoso jurista norte-americano Oliver Wendell Holmes, segundo a qual «the duty to keep a contract at common law means a prediction that you must pay damages if you do not keep it – and nothing else». Esta é, sem dúvida, uma asserção compartilhada pelo nosso legislador e consagrada no presente diploma.

IX. Permita-se-nos a insistência neste ponto. Em sede desportiva, a *estabilidade contratual* constitui, decerto, um valor importante, mas este não é o único valor a atender pela ordem jurídica. Há que compatibilizar aquela estabilidade com o valor fundamental da *liberdade de trabalho*, um valor particularmente caro, desde sempre, aos praticantes desportivos profissionais. Ora, rescindir contratos sem justa causa não representa, em tese, uma boa solução. Cremos, porém, que a ordem jurídica deve contribuir para desdramatizar a rutura contratual no sector laboral-desportivo. Por vezes, a rescisão do contrato, ainda que sem justa causa, pode ser mesmo a melhor solução. Ou até a única solução. Ora, essa rescisão pode consubstanciar um incumprimento contratual, mas não constitui propriamente um crime. Até porque o princípio da livre desvinculação contratual do trabalhador constitui um princípio matricial do Direito do Trabalho. Esse princípio pode sofrer restrições ou compressões em sede desportiva, mas não pode ser completamente sacrificado ou obnubilado neste domínio, em nome das suas especificidades.

X. Vale a pena acrescentar: a faculdade de um desportista rescindir o contrato, mesmo que sem justa causa, é também um sinal seguro de que esse trabalhador não se reduz à condição de mera mercadoria. O contrato não confere ao clube uma qualquer espécie de direito real sobre os serviços do praticante, em que este é reduzido ao estatuto de mercadoria, mero objeto de transação comercial entre clubes desportivos. O contrato estabelece, tão-só, uma relação de tipo obrigacional entre os respetivos sujeitos, sendo que qualquer desses sujeitos pode, por sua iniciativa unilateral, pôr antecipadamente termo a esse contrato (e à correspondente vinculação desportiva), ainda que expondo-se às consequências indemnizatórias de tal dissolução prematura do vínculo. Como alguém certa vez disse, «os compromissos assumidos são dinheiro». É isso: em sede de contrato de trabalho desportivo, o incumprimento contratual deve obrigar a parte inadimplente a ressarcir o outro contraente. E a ressarci-lo em termos razoáveis e ajustados ao teor do compromisso contratual desrespeitado. Apenas isso, e não mais do que isso. Não sendo jurista, António Lobo Antunes tem toda a razão, quando, a outro propósito, adverte: «Para qualquer contrato há uma forma de o rescindir». Mas isso, cremos, é particularmente válido em sede de trabalho desportivo, por

CONTRATO DE TRABALHO DESPORTIVO

várias razões: pelo profundo envolvimento da pessoa do praticante na sua execução, pela brevidade da carreira profissional do praticante e pela voluntariedade intrínseca à prática desportiva. Por isso mesmo, o contrato de trabalho desportivo extingue-se, sem mais, após a comunicação escrita da declaração de vontade extintiva chegar à esfera da contraparte. E o vínculo desportivo extingue-se igualmente, após tal comunicação ser levada ao conhecimento da respetiva federação desportiva, nos termos previstos neste artigo.

XI. Não se discute, repete-se, a *eficácia* de medidas do tipo das previstas no supracitado art. 79.º, n.º 20 e 21, do Regulamento de Competições da LPFP. A sua eficácia, enquanto medida restritiva da concorrência entre os clubes empregadores, enquanto concretização do princípio *pacta sunt servanda,* enquanto garantia de respeito do período contratual previamente estipulado, não oferece dúvidas. Reitera-se: se o objetivo a atingir consiste, por um lado, em limitar a concorrência entre os diversos clubes no mercado de trabalho desportivo e, por outro, em assegurar que o praticante desportivo honre os compromissos por si assumidos, a eficácia de tais medidas é insofismável. Mas o problema é outro. O problema consiste em saber se estas não serão, afinal, medidas *demasiado eficazes.* Os seus fins são legítimos, mas sê-lo-á o meio utilizado para os alcançar? Não será este um sistema oneroso em demasia para o trabalhador/praticante desportivo? Não representará tal sistema um preço intoleravelmente elevado a pagar pelo desportista profissional, sobretudo quando se sabe que a sua é uma profissão de curta duração?

XII. Há que não perder de vista que o praticante desportivo, o atleta, é um trabalhador que desenvolve uma atividade profissional. Ora, a necessidade de tutela deste trabalhador implica a rejeição de determinados instrumentos que, ainda quando inspirados em objetivos nobres – designadamente o de assegurar que *pacta sunt servanda –*, importam um sacrifício desproporcionado dos direitos e liberdades fundamentais daquele. Por isso, através do n.º 3 do presente artigo a lei rejeita a tese segundo a qual o praticante desportivo, em caso de demissão ilícita ou irregular, poderia ou deveria ver-se impedido de continuar a sua carreira desportiva ao serviço de outra entidade empregadora, participando na competição desportiva, até que expirasse o prazo do anterior contrato de trabalho. Sendo esta interdição de competir, sem dúvida, uma medida eficaz a vários títulos, ela reveste-se, no entanto, de uma natureza assumida e intoleravelmente hostil ao princípio basilar do *free labor*. O n.º 3 deste art. 27.º constitui assim, a nosso ver, uma das mais emblemáticas e inovadoras normas deste diploma.

XIII. Sobre a questão, *vd.* ainda o importante Acórdão proferido pelo STJ, em 7 de março de 2007 (Sousa Peixoto), que declarou a nulidade de certas normas do CCT dos jogadores profissionais de futebol, referentes à "desvinculação desportiva" do jogador, precisamente por atentarem contra a liberdade de trabalho e profissão inscrita na CRP. Nos precisos termos desse Acórdão, extinto o vínculo laboral, o jogador não pode ser coartado na sua liberdade de exercer a sua profissão.

XIV. Naturalmente, o que vem de ser dito não significa que tudo seja permitido ao praticante desportivo. É legítimo, cremos, que ele resolva o contrato de trabalho desportivo, alegando que para o efeito possui justa causa. É legítimo, igualmente, que ele denuncie o contrato, mas invoque que a "cláusula de rescisão" dele constante é de montante manifestamente excessivo, devendo, por conseguinte, ser objeto de redução equitativa pelo tribunal. Tudo isso é legítimo e, repete-se, independentemente do juízo a que o tribunal chegue, sobre a existência ou não de justa causa de demissão ou sobre o caráter manifestamente excessivo da cláusula ou não, o praticante desportivo não poderá, ao abrigo desta lei, ser impedido de ver registado um novo contrato de trabalho e de, por via disso, participar na competição desportiva. Mas, claro, uma vez decidida a questão pelo tribunal, declarada que seja a improcedência da justa causa invocada ou confirmado que seja o montante inscrito na "cláusula de rescisão" (ou, até, reduzido que seja o respetivo montante, ao abrigo da equidade), a obrigação indemnizatória deverá ser cumprida pelo praticante (ou, sendo caso disso, pela sua nova entidade empregadora desportiva). Se o não for, e enquanto o não for, nada se opõe, cremos, a que o registo do seu novo contrato de trabalho desportivo seja suspenso ou cancelado, assim impedindo, agora sim legitimamente, o praticante desportivo de participar nas competições promovidas pela respetiva federação desportiva.

CONTRATO DE TRABALHO DESPORTIVO

CAPÍTULO VI – Contrato de formação desportiva

Artigo 28.º – Capacidade

1 – Podem celebrar contrato de formação desportiva os jovens que tenham idade compreendida entre 14 e 18 anos.

2 – Podem celebrar contratos de formação como entidades formadoras as entidades desportivas que garantam um ambiente de trabalho e meios humanos e técnicos adequados à formação desportiva a ministrar.

3 – A verificação do disposto no número anterior é certificada mediante documento comprovativo a emitir pela respetiva federação dotada de utilidade pública desportiva e pode ser reapreciada a todo o tempo.

4 – A celebração do contrato depende da realização de exame médico, a promover pela entidade formadora, que certifique a capacidade física e psíquica adequada ao desempenho da atividade.

5 – O incumprimento dos requisitos previstos no presente artigo determina a nulidade do contrato.

I. A presente lei define o contrato de formação desportiva como o «contrato celebrado entre uma entidade formadora e um formando desportivo, nos termos do qual aquela se obriga a prestar a este a formação adequada ao desenvolvimento da sua capacidade técnica e à aquisição de conhecimentos necessários à prática de uma modalidade desportiva, ficando o formando desportivo obrigado a executar as tarefas inerentes a essa formação» (art. 2.º, al. *b*)). As obrigações recíprocas, aqui, são as de prestação de formação desportiva, por parte da entidade formadora, e de execução das tarefas correspondentes a essa formação, por parte do formando. O contrato de formação desportiva não se configura, pois, como um contrato de trabalho, gerador de relações de autêntico trabalho subordinado. Contudo, se bem que não consubstancie ainda um vínculo laboral *proprio sensu*, o certo é que este contrato de formação tende a funcionar como antecâmara do contrato de trabalho desportivo, aspeto não desprezado pelo presente diploma, como desde logo se comprova pela leitura do seu art. 34.º.

II. A lei define também o formando desportivo como «o praticante que, tendo concluído a escolaridade obrigatória ou estando matriculado e a frequentar o nível básico ou secundário de educação, assine contrato de formação desportiva, com vista à aprendizagem ou aperfeiçoamento de uma modalidade desportiva» (art. 2.º, al. *d*)). Trata-se de um contrato reservado a atletas muito jovens, em regra menores, dado que, nos termos do n.º 1 deste preceito, o mesmo poderá ser celebrado por jovens que tenham idade compreendida entre 14 e 18 anos, isto é, por jovens que já tenham 14 anos e ainda não tenham 19 anos. Em todo o caso, um jovem de 18 anos de idade (tendo já, portanto, atingido a maioridade) ainda poderá celebrar um contrato de formação desportiva, mas não há dúvida de que este contrato se destina, preferencialmente, a menores.

III. A válida celebração do contrato de formação desportiva carece de uma dupla certificação: para o formando, a lei exige a realização de exame médico que certifique a sua capacidade física e psíquica para desempenhar a correspondente atividade (n.º 4); para a entidade formadora, a lei exige que esta garanta um ambiente de trabalho e disponha de meios humanos e técnicos adequados à formação desportiva a ministrar, o que terá de ser certificado mediante documento comprovativo a emitir pela respetiva federação desportiva (n.º 2 e 3). Não sendo estes requisitos cumpridos, tal determinará a nulidade do contrato, conforme determina o n.º 5.

IV. A lei delimita, pois, quem pode celebrar o contrato de formação desportiva, quer enquanto formando (delimitação etária), quer enquanto entidade formadora. Vale dizer, nem todas as entidades desportivas ou clubes poderão ser entidades formadoras, mas apenas aqueles que satisfaçam certos requisitos de idoneidade para o efeito e, por via disso, obtenham a indispensável certificação federativa.

V. Em termos globais, pode dizer-se que da presente lei resulta uma mensagem normativa bastante clara naquilo que aos jovens praticantes desportivos diz respeito. Para a nossa lei, a prática desportiva realizada por crianças com idade inferior a 14 anos terá, forçosamente, de ser uma prática desportiva puramente recreativa e desinteressada, uma prática desportiva encarada, tão-só, como forma saudável de preenchimento dos tempos livres da criança. Diferentemente, o jovem entre os 14 e os 18

CONTRATO DE TRABALHO DESPORTIVO

anos já poderá celebrar um contrato de formação desportiva, tendo por objeto a aprendizagem ou o aperfeiçoamento de uma modalidade desportiva, isto é, já poderá estabelecer uma relação para-laboral desportiva e percorrer uma via profissionalizante, tentando apurar as suas qualidades técnicas e atléticas em ordem a, num futuro próximo, vir a ser um autêntico profissional do desporto (entretanto, e como se disse em anotação ao art. 5.º, tal profissionalização poderá verificar-se logo aos 16 anos de idade, contanto que o respetivo contrato de trabalho desportivo seja subscrito, não apenas pelo menor, mas também pelo seu representante legal). Do *jogo-diversão* transita-se, pois, para o *jogo-aprendizagem* e, daí, para o *jogo-trabalho*, ao mesmo tempo que o jovem-criança se transforma num jovem-adolescente.

Artigo 29.º – Forma

1 – O contrato de formação desportiva deve ser reduzido a escrito e é feito em triplicado.

2 – Os três exemplares são assinados pelo representante da entidade formadora, pelo formando desportivo e pelo seu representante legal, quando aquele for menor.

3 – Dos três exemplares um é para a entidade formadora, outro para o formando desportivo ou seu representante legal e outro para a federação respetiva.

4 – O modelo e o conteúdo do contrato de formação são aprovados por regulamento federativo.

I. O contrato de formação, cujo modelo e conteúdo são aprovados por regulamento federativo, deve ser reduzido a escrito e feito em triplicado, carecendo de ser assinado pelas duas partes e também pelo representante legal do formando (salvo, é claro, se este já for maior).

II. Um dos exemplares do contrato de formação destina-se à respetiva federação desportiva, decerto para efeitos de registo do mesmo (ainda que a lei não estabeleça tal exigência em sede de contrato de formação, ao invés do que sucede no tocante ao contrato de trabalho desportivo, por força do disposto no art. 7.º).

Artigo 30.º – Duração

1 – O contrato de formação desportiva tem a duração mínima de uma época desportiva e a duração máxima de três épocas desportivas.

2 – O contrato de formação desportiva pode ser prorrogado, por mútuo acordo das partes, sem prejuízo do disposto no número seguinte.

3 – O contrato de formação desportiva caduca, em qualquer caso, no final da época em que o formando desportivo completa 18 anos, podendo ser prorrogado, por acordo entre as partes, por mais uma época desportiva.

I. O contrato de formação desportiva é um contrato sujeito a termo resolutivo, com a duração mínima de uma época desportiva e a duração máxima de três épocas desportivas (n.º 1), o qual pode ser prorrogado por mútuo acordo das partes (n.º 2), sem prejuízo da fronteira temporal estabelecida pelo n.º 3.

II. A violação do disposto no n.º 1 deste artigo determina a aplicação ao contrato em causa do prazo mínimo ou máximo admitido, por aplicação analógica do art. 9.º, n.º 7, da presente lei.

III. Em qualquer caso, o contrato de formação caduca no final da época desportiva em que o formando complete 18 anos de idade, segundo dispõe o n.º 3. Ainda assim, a lei permite que o contrato seja prorrogado, por acordo das partes, por mais uma época desportiva. A nosso ver, o consentimento do formando para esta prorrogação contratual terá de ser atual, isto é, terá de ser prestado quando ele perfizer os 18 anos de idade ou depois disso. Não serão válidas, cremos, quaisquer cláusulas contratuais em que o jovem, ainda menor, dê o seu consentimento à futura prorrogação do contrato de formação, ao abrigo deste n.º 3.

IV. Sobre o conceito de época desportiva, *vd.* o art. 9.º, n.º 6, deste diploma.

Artigo 31.º – Tempo de formação

No que respeita ao tempo de formação, feriados e descanso semanal do formando desportivo, é aplicável o regime estabelecido pela presente lei para o praticante des-

CONTRATO DE TRABALHO DESPORTIVO

portivo, sendo ajustado de modo a permitir a frequência das aulas e a deslocação para o estabelecimento de ensino.

I. Este preceito remete para o disposto nos arts. 16.º e 17.º do presente diploma. Em regra, e por força da escolaridade obrigatória com a duração de 12 anos hoje prevista, o formando desportivo estará ainda em idade escolar, pelo que se compreende o cuidado do legislador, no segmento final desta norma, em ordem a evitar que o contrato de formação represente um obstáculo à conclusão da escolaridade obrigatória.

Artigo 32.º – Deveres da entidade formadora

1 – Constituem, em especial, deveres da entidade formadora:
a) Proporcionar ao formando desportivo os conhecimentos necessários à prática da modalidade desportiva;
b) Não exigir do formando desportivo tarefas que não se compreendam no objeto do contrato;
c) Respeitar as condições de higiene e segurança e de ambiente compatíveis com a idade do formando desportivo;
d) Informar regularmente o representante legal do formando desportivo sobre o desenvolvimento do processo de formação e, bem assim, prestar os esclarecimentos que lhe forem por aquele solicitados;
e) Proporcionar ao formando desportivo a frequência e a prossecução dos seus estudos, garantindo a não sobreposição da formação com o horário escolar;
f) Promover o respeito pelas regras da ética desportiva no desenvolvimento da atividade desportiva.
2 – A entidade formadora é responsável pela realização de um exame médico anual, se periodicidade mais curta não for exigida pelo desenvolvimento do processo de formação, por forma a assegurar que das atividades desenvolvidas no âmbito da formação não resulte perigo para a saúde e para o desenvolvimento físico e psíquico do formando desportivo.

I. A entidade formadora tem para com o formando um vasto conjunto de deveres, a maioria deles ligado à obrigação de lhe ministrar formação desportiva (als. *a)* a *d)*), sem esquecer a vertente do respeito pela ética desportiva (al. *f)*), mas também no que diz respeito à salvaguarda da formação escolar do jovem (al. *e*)), bem como da sua saúde e desenvolvimento físico e psíquico (n.º 2).

II. Entre os deveres da entidade formadora não se inclui o de pagar qualquer retribuição ao formando. O dever da entidade formadora é, basicamente, o de ministrar formação ao jovem formando. Em todo o caso, é óbvio que nada se opõe a que as partes prevejam o pagamento de uma importância a favor do formando, a título de bolsa ou de subsídio de formação. Se assim for, isso mesmo deverá constar do documento escrito que titula o contrato, nos termos do art. 29.º da lei.

Artigo 33.º – Deveres do formando desportivo
Constituem, em especial, deveres do formando desportivo:
a) Ser assíduo, pontual e realizar as suas tarefas com zelo e diligência;
b) Observar as instruções das pessoas encarregadas da sua formação;
c) Utilizar cuidadosamente e zelar pela boa conservação dos bens materiais que lhe sejam confiados;
d) Conformar-se, no exercício da atividade desportiva, com as regras próprias da disciplina e da ética desportiva.

I. Entre os deveres do formando avultam os de ser assíduo, pontual e diligente, bem como o de acatar as instruções das pessoas encarregadas da sua formação, utilizando cuidadosamente e zelando pela boa conservação dos materiais que lhe sejam confiados. E constitui igualmente um dever do formando o de se conformar, no exercício da atividade desportiva, com as regras próprias da disciplina e da ética desportiva.

II. A violação destes deveres por parte do formando poderá legitimar a resolução do contrato de formação por iniciativa da entidade formadora, nos termos do disposto no art. 35.º, n.º 1-*c*) e n.º 2, da presente lei.

Artigo 34.º – Compensação por formação
A celebração, pelo praticante desportivo, do primeiro contrato de trabalho com entidade empregadora distinta da entidade formadora confere a esta o direito de

CONTRATO DE TRABALHO DESPORTIVO

receber uma justa compensação pela formação ministrada, de acordo com o disposto no artigo 19.º

I. Como vimos *supra*, em anotação ao disposto no art. 19.º da presente lei, quando um jovem praticante desportivo se transfere após a extinção do contrato de trabalho que o vinculava a uma anterior entidade empregadora desportiva, o novo empregador poderá ter de pagar à anterior entidade empregadora uma "justa compensação a título de promoção ou valorização" do praticante, nos termos estabelecidos por convenção coletiva de trabalho ou, na impossibilidade de celebrar tal convenção por inexistência de interlocutor sindical, por regulamento federativo. Ora, solução análoga vigora em caso de celebração, pelo praticante, do primeiro contrato de trabalho desportivo com entidade empregadora distinta da entidade formadora – isto é, quando um formando passa a profissional, celebrando contrato de trabalho desportivo com outro clube que não o clube formador. Também nesta hipótese a lei viabiliza o estabelecimento de uma "justa compensação pela formação ministrada", a pagar pelo clube de destino/beneficiário da formação ao clube de procedência/formador, de acordo com o disposto no art. 19.º

II. Estes mecanismos limitativos da liberdade/mobilidade do jovem praticante desportivo são, pois, admitidos pelo nosso ordenamento jurídico, mas, note-se bem, *apenas se for celebrado e quando for celebrado um contrato de trabalho desportivo pelo jovem praticante em questão.* Só quando um jovem praticante profissional muda de entidade empregadora desportiva, ou quando um formando celebra o seu primeiro contrato de trabalho como profissional do desporto com entidade empregadora distinta da formadora, só então, repete-se, poderá haver lugar para o pagamento de uma "compensação por promoção ou valorização" ou de uma "compensação por formação", respetivamente.

III. Tratando-se, pelo contrário, de um jovem que pratica desporto de forma puramente amadora, sem celebrar qualquer contrato de trabalho desportivo, tratando-se, sobretudo, de um jovem que ainda não possua a idade mínima para celebrar aquele contrato de trabalho, tratando-se, por conseguinte, de uma criança para quem o desporto não pode senão constituir recreação, ocupação de tempos livres e exercício salutar, então a resposta só pode ser uma: liberdade de transferência, inteira liberdade para a criança e os seus pais escolherem, no final de cada época desportiva, a entidade no seio da qual aquela irá praticar a sua modalidade desportiva predileta. Neste âmbito, quaisquer regras federativas que impeçam a criança de escolher o clube no qual deseja praticar a respetiva modalidade (seja exigindo a autorização do atual clube para que a transferência possa consumar-se, seja prevendo a obrigação de os seus pais pagarem importâncias assaz significativas para "resgatarem" a criança) vulneram a presente lei e, quiçá, a própria CRP.

IV. A presente lei articula a proteção da liberdade dos jovens desportistas com a salvaguarda da formação desportiva nos seguintes moldes: em princípio, o jovem praticante desportivo goza de total liberdade para, no final de cada época, mudar de clube desportivo, salvo quando este jovem praticante venha a celebrar um contrato de trabalho desportivo; neste caso, a anterior entidade empregadora desportiva (se o jovem já era profissional) ou a anterior entidade formadora (se o jovem era um aprendiz/formando) poderão ter direito a receber uma "compensação por promoção ou valorização" (art. 19.º) ou uma "compensação por formação" (art. 34.º), respetivamente, a pagar pelo clube de destino desse jovem praticante.

V. Neste contexto, resulta inequívoca, a nosso ver, a inexistência de qualquer direito a compensação em caso de transferência de um jovem praticante amador (praticante amador que mude de clube, mantendo a condição de amador) ou em caso de celebração do primeiro contrato de trabalho desportivo por um jovem praticante até então inteiramente amador (praticante que celebre contrato de trabalho com um clube, sem antes ter sido titular de qualquer contrato de formação). Repete-se esta apodítica afirmação: a "compensação por formação" poderá existir, tão-só, relativamente a um jovem que tenha sido formando; credor desta compensação poderá ser, apenas, a entidade que ministrou (ou as entidades que ministraram) formação àquele jovem atleta que, mais tarde, veio a profissionalizar-se, celebrando contrato de trabalho desportivo.

CONTRATO DE TRABALHO DESPORTIVO

VI. Nos termos da remissão operada pelo presente artigo, compete à regulamentação coletiva ou federativa instituir e regular a figura da "compensação por formação", caso o formando celebre o seu primeiro contrato de trabalho desportivo com entidade empregadora distinta da entidade formadora. Os pressupostos da compensação, as fórmulas de cálculo do respetivo montante e a sua eventual repartição pelos vários clubes formadores do jovem atleta recém-profissionalizado, quando os haja, tudo isso deverá ser estabelecido pelas pertinentes normas convencionais ou regulamentares, as quais gozam, nesta matéria, de ampla autonomia, respeitados que sejam os princípios estabelecidos no art. 19.º da lei.

Artigo 35.º – Cessação do contrato
1 – O contrato de formação desportiva pode cessar por:
a) Caducidade;
b) Revogação por mútuo acordo;
c) Resolução com justa causa, por qualquer das partes;
d) Denúncia por iniciativa do formando desportivo, mediante declaração escrita com aviso prévio de 30 dias.
2 – A resolução com justa causa por iniciativa da entidade formadora deve ser apurada através do competente procedimento disciplinar.

I. O contrato de formação desportiva é um contrato a termo resolutivo, conforme resulta do disposto no art. 30.º desta lei, pelo que a sua forma natural de cessação consistirá na caducidade, prevista no n.º 1, al. *a)*, do presente artigo. Com efeito, e tal como sucede com o contrato de trabalho desportivo, este contrato de formação "nasce para caducar", por expiração do respetivo prazo de vigência.

II. Este contrato de formação poderá também cessar por mútuo acordo das partes, conforme dispõe o n.º 1-*b)* deste artigo. Cremos que, se o formando ainda for menor, o seu representante legal deverá também manifestar a sua concordância com a revogação contratual, a par da entidade formadora e do próprio formando.

III. O contrato de formação poderá ainda cessar em virtude de resolução com justa causa, promovida por qualquer das partes. Haverá justa causa, nos termos gerais, caso se registe alguma violação grave e culposa dos deveres emergentes do contrato de formação desportiva, quer por parte da entidade formadora (art. 32.º), quer por parte do formando (art. 33.º). A resolução do contrato por iniciativa da entidade formadora pressupõe a prévia instauração do competente procedimento disciplinar, segundo dispõe o n.º 2 deste artigo, com observância do princípio do contraditório (esta solução da lei revela, uma vez mais, que o contrato de formação, não sendo um contrato de trabalho, é um contrato que apresenta algumas afinidades com este, instituindo, como se disse, uma espécie de relação para-laboral desportiva entre ambas as partes).

IV. Sendo um contrato a termo, a verdade é que, para o formando, o termo aposto ao contrato de formação desportiva não é estabilizador, mas meramente limitativo. Com efeito, na pendência do contrato o formando conserva inteira liberdade para o denunciar, contanto que o faça mediante declaração escrita com aviso prévio de 30 dias, conforme resulta do disposto no n.º 1-*d*) deste artigo. Na ótica da lei, o jovem formando não deve ficar amarrado ao contrato, antes deve poder desvincular-se livremente, respeitando o dever de pré-avisar a entidade formadora. O formando não necessita, pois, de invocar nem de possuir justa causa para pôr termo, licitamente, ao contrato de formação. Este contrato será regularmente dissolvido pelo formando, independentemente de justa causa, contanto que seja respeitado o prazo de aviso prévio previsto na lei.

V. Pelo exposto, resultando esta quase absoluta liberdade de denúncia do contrato por parte do formando da presente norma legal, é óbvio que tal liberdade de modo algum poderá ser sacrificada ou comprimida através de convenção coletiva de trabalho (até por força do disposto no art. 3.º, n.º 2, da presente lei). Assim, por exemplo, uma norma convencional que faça depender a denúncia do contrato por iniciativa do formando do pagamento de uma qualquer indemnização à entidade formadora (ao jeito de uma "cláusula de rescisão") será obviamente inválida, pois o direito de denunciar livremente este contrato, sem constrangimentos indemnizatórios, resulta da lei – e, reitera-se, a contratação coletiva não pode afastar o regime legal em sentido menos favorável aos praticantes desportivos.

VI. O mesmo vale, até por maioria de razão, no tocante aos regulamentos desportivos. Assim, e por exemplo, carece de qualquer sentido o disposto no supracitado art. 79.º, n.º 20 e 21, do *Regulamento de Competições da Liga Portuguesa de Futebol Profissional (época 2017/2018)*, que impede o registo de novo contrato em caso de rescisão do contrato de formação desportiva, sem justa causa, por parte do formando. A livre denúncia do contrato de formação é, para o formando, um direito que resulta da lei, não podendo o Regulamento de Competições da LPFP ignorar este dado normativo e neutralizar tal direito.

VII. Naturalmente, se o formando denunciar o contrato de formação, ao abrigo desta norma, e vier a celebrar contrato de trabalho desportivo com entidade empregadora distinta da entidade formadora, poderá haver lugar ao pagamento da compensação prevista no art. 34.º deste diploma. Pode também acontecer que, após denunciar o contrato de formação com a entidade *x*, o jovem celebre novo contrato de formação, com o clube *y*. Neste caso, nenhuma compensação será devida, nos termos da lei, por parte da nova entidade formadora. Mas se, mais tarde, o jovem vier a celebrar o seu primeiro contrato de trabalho desportivo, com a entidade *z*, tanto *x* como *y* poderão fazer jus à referida "compensação por formação" (o mesmo sucedendo se o primeiro contrato de trabalho vier a ser celebrado com *y*, caso em que *x* poderá ter direito a essa compensação, por ter sido um dos clubes formadores do atleta que veio a profissionalizar--se alhures). Nesta matéria, tudo irá depender, repete-se, das pertinentes normas que vierem a ser criadas pelos sujeitos da convenção coletiva ou, na sua falta, pela respetiva federação desportiva.

CAPÍTULO VII – Dos empresários desportivos

Artigo 36.º – Exercício da atividade de empresário desportivo
1 – Só podem exercer atividade de empresário desportivo as pessoas singulares ou coletivas devidamente autorizadas pelas entidades desportivas, nacionais ou internacionais, competentes.

2 – A pessoa que exerça a atividade de empresário desportivo só pode agir em nome e por conta de uma das partes da relação contratual, apenas por esta podendo ser remunerada, nos termos do respetivo contrato de representação ou intermediação.
3 – É vedada ao empresário desportivo a representação de praticantes desportivos menores de idade.

I. Fundando-se num contrato bilateral, do qual emergem obrigações recíprocas para ambas as partes que o celebram, a relação laboral desportiva é, evidentemente, uma relação dual. O certo, porém, é que um outro personagem, um terceiro homem, vem ganhando um crescente protagonismo no processo constitutivo/extintivo desta relação jurídica. Com efeito, o triunfo do desporto profissional e a colossal expansão da indústria do desporto-espetáculo (indústria esta crescentemente mediatizada, com o inerente reforço dos meios financeiros à disposição dos respetivos operadores), aliados ao progressivo desmantelamento das regras cerceadoras da mobilidade profissional do praticante/trabalhador, vieram conferir um enorme dinamismo ao mercado de trabalho desportivo, criando condições para o surgimento de uma nova figura neste domínio – o agente/empresário desportivo – cujo protagonismo, como se disse, não tem cessado de aumentar. A verdade é que o desporto-espetáculo constitui uma espécie de um *genus* mais amplo – a indústria do lazer e do entretenimento –, assemelhando-se o desportista profissional, cada vez mais, a um *entertainer*. A partir do momento em que a esse praticante desportivo passa a ser reconhecida alguma liberdade para dispor da sua força de trabalho, eis que surge o correspondente mercado, o espaço de procura e de oferta da mão-de-obra desportiva. E então, tal como amiúde sucede com atores, músicos ou escritores, o praticante tende a recorrer aos serviços de um agente/empresário desportivo, com o fito de reforçar a sua posição no respetivo mercado de trabalho. Hoje por hoje, pode mesmo dizer-se que, *se o praticante é o principal intérprete do espetáculo desportivo, o agente/empresário é um ator central no teatro da negociação contratual.*

II. Esta centralidade é assumida, sem reservas, pela presente lei, desde logo ao estabelecer que, do documento escrito que titula o contrato de trabalho desportivo, deverá constar «a identificação do empresário desportivo que tenha intervenção no contrato, com indicação da parte que representa, ou a menção expressa de que o contrato foi celebrado sem intervenção de empresário desportivo» (art. 6.º, n.º 3-*b*)). Ou seja, identifica-se o empresário interveniente, clarifica-se a questão de saber em proveito de quem é que ele desenvolveu a sua atividade e, caso não tenha havido intervenção de empresário no contrato, isso mesmo deve ser assumido pelas partes e reduzido a escrito.

III. Eis como a indústria capitalista do desporto forja uma nova profissão, a profissão de agente/empresário desportivo. Trata-se, há que reconhecê-lo, de uma profissão de reputação algo duvidosa: práticas especulativas, falta de transparência e de escrúpulos, parasitismo, comportamentos atentatórios da ética desportiva, dinheiro fácil... eis algumas das habituais conotações da expressão «empresário desportivo». Este juízo fortemente negativo do público em geral, e dos adeptos do desporto em particular, relativamente ao papel desempenhado pelos agentes/empresários desportivos é, porventura, compreensível. Mas será tal juízo inteiramente justificado? Poderão os agentes/empresários desportivos desempenhar funções importantes neste campo, designadamente no que tange à defesa e promoção dos interesses sócio-profissionais dos praticantes? Ou, por definição, trata-se apenas de uma classe de especuladores e de meros intermediários, quais sanguessugas nutrindo-se do esforço daqueles que produzem o espetáculo (os clubes e os praticantes)?

IV. Não nos compete dar uma resposta cabal às interrogações acima formuladas. Este é um tema de assinalável complexidade, que merece e carece de investigação aprofundada, a qual, aliás, em muito exorbita dos quadros do direito laboral. Contudo, sempre convirá sublinhar que, como é fácil de compreender, na maior parte dos casos o praticante desportivo (jovem e inexperiente, não raro sem grandes habilitações escolares e sem qualquer conhecimento aprofundado de matérias jurídico-laborais, fiscais ou financeiras) não se encontra em condições de negociar, ele próprio, o conteúdo do seu contrato de trabalho. O processo negocial é, por via de regra, um processo desgastante, e a maioria dos atletas não pode, nem quer, participar nele: o praticante quer disputar a competição desportiva nas melhores condições possíveis, não embrenhar-se em disputas contratuais para as quais não se encontra minimamente vocacionado e preparado; o terreno preferido pelo praticante é o estádio, o pavilhão, a pista, não as salas de reuniões – aqui, dir-se-ia, o praticante sente-se tão à vontade como o estariam os dirigentes e advogados do clube/empregador se fossem obrigados a disputar, eles mesmos, a competição desportiva...

V. O praticante recorrerá, então, aos serviços de um agente ou empresário desportivo, pessoa experimentada e habilitada, conhecedora do mercado e dos meandros e subtilezas da negociação, pessoa que funcionará, pois, como *negotiation equalizer* em face dos representantes da entidade empregadora desportiva. Assim sucede, desde logo, no seio das grandes ligas profissionais dos EUA, em que este ator surge, nitidamente, como um *player agent*. Entre nós, porém, os contornos deste ator apresentam-se consideravelmente difusos e esbatidos, o que se reflete, inclusive, na terminologia utilizada para o descrever. Assim, o nosso legislador fala, a este propósito, em «empresário desportivo», definindo-o como «a pessoa singular ou coletiva que, estando devidamente credenciada, exerça a atividade de representação ou intermediação, ocasional ou permanente, na celebração de contratos desportivos» (art. 2.º/*c*) da presente lei, bem como, em termos próximos, art. 37.º, n.º 1, da LBAFD). Estamos aqui, portanto, perante um empresário/intermediário desportivo, não perante um agente/representante do atleta, isto é, estamos perante alguém cuja atividade principal consiste em pôr em contacto as partes interessadas na conclusão de um contrato, alguém que pode prestar serviços a qualquer dos sujeitos em presença (praticante desportivo ou entidade empregadora) e que, por conseguinte, não se perfila como um simples defensor e promotor dos interesses do praticante.

VI. No nosso país (bem como, aliás, em toda a Europa), a figura do empresário/intermediário desportivo assume ainda, portanto, contornos bastante fugidios e difíceis de delinear. É indiscutível que no processo constitutivo/extintivo da relação laboral desportiva este terceiro homem vai ocupando um lugar cada vez mais incontornável – dir-se-ia que, de certo modo, o incremento da *free agency* tem andado a par com o crescimento da *sports agency* –, mas qual seja o seu exato papel é algo que permanece rodeado de equívocos e ambiguidades. A nosso ver, e a benefício da legitimidade da atuação deste terceiro homem, seria desejável que a

CONTRATO DE TRABALHO DESPORTIVO

evolução da sua atividade se processasse no sentido de o aproximar da figura do agente/representante do praticante desportivo, distanciando-se, tanto quanto possível, do simples empresário/intermediário desportivo. A assunção, por parte do agente, de um claro *status* de promotor dos interesses do praticante desportivo, de *negociation equalizer*, como acima se disse, em lugar do mero papel de intermediário que realiza operações especulativas em torno da mão-de-obra desportiva, talvez permita que esta nova profissão ganhe a dignidade que hoje lhe vai faltando e consiga fugir, de vez, àquela incómoda analogia com a mais velha profissão do mundo...

VII. A lei reserva um importante papel, nesta matéria, às federações desportivas, dado que, nos termos do n.º 1 deste preceito, só as pessoas singulares ou coletivas devidamente autorizadas pelas entidades desportivas competentes, nacionais ou internacionais, poderão exercer a atividade de empresário desportivo.

VIII. Procurando evitar situações de alguma indefinição e promiscuidade nesta matéria, a lei vinca que o empresário desportivo só poderá agir em nome e por conta de uma das partes da relação contratual, apenas por esta podendo ser remunerada (n.º 2). Aliás, como vimos, essa indicação deverá constar do texto do próprio contrato de trabalho desportivo, por força do disposto na al. *b)* do n.º 3 do art. 6.º da lei.

IX. A proibição de o empresário desportivo representar praticantes menores de idade, constante do n.º 3 deste artigo, retoma o disposto no art. 37.º, n.º 2, da LBAFD. O empresário não poderá, portanto, ter intervenção em contratos de trabalho desportivo celebrados por menores, ao abrigo do disposto no art. 5.º, nem poderá, em regra, ter intervenção na celebração de contratos de formação desportiva, os quais, segundo o disposto no art. 28.º, serão quase sempre celebrados por praticantes menores. Mas, claro, o empresário já poderá intervir na celebração de qualquer destes contratos, desde que em representação da entidade empregadora ou formadora.

Artigo 37.º – Registo dos empresários desportivos

1 – Sem prejuízo do disposto no artigo anterior, os empresários desportivos que pretendam exercer a respetiva atividade devem registar-se como tal junto da federação desportiva, que, para este efeito, deve dispor de um registo organizado e atualizado.

2 – O registo a que se refere o número anterior é constituído por um modelo de identificação do empresário, cujas características serão definidas por regulamento federativo.

3 – São nulos os contratos de representação ou intermediação celebrados com empresários desportivos que não se encontrem inscritos no registo referido no presente artigo.

I. O registo dos empresários desportivos junto da respetiva federação desportiva é condição *sine qua non* para que estes exerçam a sua atividade de representação ou intermediação. Para esse efeito, a federação deve dispor de um registo organizado e atualizado (n.º 1), constituído por um modelo de identificação do empresário, cujas características serão definidas por regulamento federativo (n.º 2).

II. O registo a que alude este preceito não é, note-se, mera condição de eficácia do contrato de representação ou intermediação perante a correspondente federação desportiva. Neste caso, o registo do empresário é mesmo indispensável no plano civil, visto que, segundo o n.º 3 deste preceito, os contratos de representação ou intermediação celebrados com empresários desportivos que não se encontrem inscritos no referido registo serão nulos.

Artigo 38.º – Contrato de representação ou intermediação

1 – O contrato de representação ou intermediação é um contrato de prestação de serviço celebrado entre um empresário desportivo e um praticante desportivo ou uma entidade empregadora desportiva.

2 – O contrato está sujeito a forma escrita, nele devendo ser definido com clareza o tipo de serviços a prestar pelo empresário desportivo, bem como a remuneração que lhe será devida e as respetivas condições de pagamento.

3 – No caso de contrato de representação ou intermediação celebrado entre um empresário desportivo e um praticante desportivo, a remuneração paga pelo pra-

CONTRATO DE TRABALHO DESPORTIVO

ticante não pode exceder 10 % do montante líquido da sua retribuição e o dever de pagamento apenas se mantém enquanto o contrato de representação ou intermediação estiver em vigor.

4 – O contrato tem sempre uma duração determinada, não podendo, em qualquer caso, exceder dois anos de duração.

5 – O contrato caduca aquando da verificação do termo resolutivo estipulado, podendo ser renovado por mútuo acordo das partes, mas não sendo admissíveis cláusulas de renovação automática do mesmo.

6 – O incumprimento culposo dos deveres decorrentes do contrato atribui ao contraente lesado o direito de o resolver com justa causa e com efeitos imediatos.

7 – A parte que promover indevidamente a rutura do contrato deve indemnizar a outra do prejuízo que esta sofrer.

8 – As partes podem fixar, por acordo, o montante da indemnização a que se refere o número anterior.

9 – Quando o dever de indemnizar recaia sobre o praticante desportivo, o respetivo montante não pode exceder o que resultar da aplicação do n.º 3 ao período remanescente do contrato.

I. Ao longo dos anos, sobretudo dos últimos anos, a relação entre o praticante desportivo profissional e a entidade para quem este presta serviços tem vindo a sofrer um processo de laboralização e, em certo sentido, de liberalização, pelo que se compreende que o praticante desportivo careça de alguém – como o agente/empresário – que o assista negocialmente, *maxime* perante a respetiva entidade empregadora desportiva. Contudo, ao mesmo tempo que se têm atenuado os laços dominiais entre a entidade empregadora desportiva e os "seus" praticantes, outros laços de dependência e de subordinação vão surgindo – justamente, no relacionamento entre o atleta e o agente/empresário. Ou seja, se nos é permitido forçar a nota e reificar o discurso, por vezes o praticante desportivo como que vai deixando de ser "propriedade" do clube para se converter em "propriedade" do agente/empresário (sendo depois "alugado" por este ao respetivo clube). Ora, este fenómeno (dir-se-ia: translativo de propriedade) não pode ser ignorado pelas autoridades desportivas e pelo próprio legislador, sob pena de tudo não passar, na ótica do praticante, de uma simples troca de amos – do outrora todo-poderoso clube transitar-se-ia para o agora todo-poderoso empresário –, continuando o praticante desportivo a ser tratado como uma coisa, uma coisa eventualmente valiosa, mas, ainda assim, uma coisa.

II. Esta é, a nosso ver, a preocupação subjacente a boa parte das soluções vertidas no presente artigo: não permitir vinculações muito extensas, nem muito intensas, do praticante desportivo para com o agente/empresário desportivo; e permitir que o praticante possa beneficiar da concorrência dos vários agentes/empresários potencialmente interessados em representá-lo. Afinal, se, como afirmava Milton Friedman, «um trabalhador é protegido do seu patrão graças à existência de outros patrões para que pode ir trabalhar», talvez possa dizer-se que um praticante desportivo é protegido do seu agente/empresário graças à existência de outros agentes/empresários que o poderão representar...

III. Neste contexto, compreende-se que, por força do presente artigo:

i) O contrato de representação ou intermediação, definido como um contrato de prestação de serviço celebrado entre um empresário desportivo e um praticante ou uma entidade empregadora desportiva (n.º 1), esteja sujeito a forma escrita, nele devendo ser definido com clareza o tipo de serviços a prestar, bem como a remuneração devida ao empresário desportivo e as respetivas condições de pagamento (n.º 2);

ii) Tratando-se de contrato entre um empresário e um praticante desportivo, a remuneração paga por este não pode exceder 10% do montante líquido da sua retribuição, mantendo-se o dever de pagamento apenas enquanto o contrato estiver em vigor (n.º 3);

iii) O contrato tem sempre uma duração determinada, não podendo, em qualquer caso, exceder dois anos de duração (n.º 4);

iv) O contrato caduca aquando da verificação do respetivo termo resolutivo, podendo ser renovado por mútuo acordo das partes, mas não sendo admissíveis cláusulas de renovação automática do mesmo (n.º 5);

v) A parte que promover indevidamente a rutura do contrato deve indemnizar a outra do prejuízo que esta sofrer (n.º 7), podendo as partes fixar, por acordo, o montante da indemnização exigível, através de uma cláusula penal (n.º 8), mas acrescentando a lei que,

quando o dever de indemnizar recaia sobre o praticante desportivo, o *quantum* indemnizatório não poderá exceder o equivalente
a 10% do montante líquido da retribuição do praticante, correspondente ao período remanescente do contrato de representação
ou intermediação (n.º 9).

IV. A noção de contrato de prestação de serviço consta do art. 1154.º
do CCivil: «Contrato de prestação de serviço é aquele em que uma das
partes [neste caso, um empresário desportivo] se obriga a proporcionar
à outra [neste caso, um praticante desportivo ou uma entidade empregadora desportiva] certo resultado do seu trabalho intelectual ou manual,
com ou sem retribuição».

V. Como sempre sucede, o disposto neste artigo, ao tentar impedir
situações de dependência excessiva do praticante relativamente ao seu
agente/empresário desportivo, implica uma certa liberalização deste
mercado, com a inerente vantagem para os agentes/empresários mais
poderosos financeiramente, que poderão atrair para si a representação
de praticantes sem dificuldades de maior. Trata-se, porém, de um efeito
normal de um sistema de livre concorrência, o qual, em última análise,
poderá beneficiar o praticante desportivo. E, reitera-se, o praticante desportivo é o trabalhador desta indústria, é o motor do desporto profissional. Esta é, em boa medida, uma lei de tutela do praticante desportivo
enquanto trabalhador, não uma lei de tutela da figura do agente/empre-
sário desportivo.

VI. Importa não negligenciar os efeitos perversos que o estatuto remuneratório do agente/empresário tende a produzir no mercado de trabalho desportivo. Com efeito, a remuneração do empresário/intermediário
pode recair sobre qualquer das partes (praticante desportivo ou entidade
empregadora), sendo tal empresário pago, com frequência, «à comissão»,
isto é, auferindo uma determinada percentagem da quantia envolvida na
transferência do praticante desportivo. Assim sendo, e vistas as coisas sob
o prisma do empresário, não se mostra particularmente conveniente que
o praticante desportivo cumpra o seu contrato de trabalho na íntegra, até
que se atinja o termo prefixado: caso tal se verifique, o praticante ficará

livre para se transferir para outra entidade empregadora desportiva, o seu novo clube não terá que desembolsar elevadas quantias para o contratar (transferência "a custo zero") e, logo, a comissão do empresário empalidecerá; pelo contrário, se o praticante for transferido *medio tempore*, havendo então necessidade de um acordo a três (praticante desportivo, entidade empregadora *a quo* e entidade empregadora *ad quem*), haverá mais dinheiro sobre a mesa e, logo, a sua comissão resplandecerá. A propensão do agente/empresário desportivo para *sobreaquecer* o mercado de trabalho desportivo, em detrimento do velho *pacta sunt servanda*, é, pois, natural – e não se mostra fácil combatê-la.

VII. Registe-se, por último, que, nos termos do n.º 3 do art. 37.º da LBAFD, os factos relativos à vida pessoal ou profissional dos agentes desportivos (entre estes se contando, claro, os praticantes) de que o empresário desportivo tome conhecimento em virtude das suas funções, estão abrangidos pelo sigilo profissional. Assim sendo, a violação deste dever de sigilo por parte do empresário poderá habilitar o praticante a resolver o contrato, com justa causa e com efeitos imediatos (n.º 6 do artigo sob anotação).

Artigo 39.º – Limitações ao exercício da atividade de empresário
Sem prejuízo de outras limitações estabelecidas em regulamentos federativos nacionais ou internacionais, ficam inibidos de exercer a atividade de empresário desportivo as seguintes entidades:
a) As sociedades desportivas;
b) Os clubes desportivos;
c) Os dirigentes desportivos;
d) Os titulares de cargos em órgãos das sociedades desportivas ou clubes;
e) Os treinadores, praticantes, árbitros, médicos e massagistas.

I. Em ordem a evitar situações de indesejável promiscuidade e conflitos de interesse, a lei impede que outros agentes envolvidos no fenómeno desportivo (dirigentes desportivos, titulares de cargos em órgãos de clubes ou sociedades desportivas, treinadores, praticantes, árbitros, médicos e massagistas) exerçam a atividade de empresário desportivo.

CONTRATO DE TRABALHO DESPORTIVO

O mesmo vale, de resto, para as próprias sociedades desportivas e para os clubes desportivos. E a lei admite ainda o estabelecimento de outras limitações nesta matéria, por via dos regulamentos federativos nacionais ou internacionais.

CAPÍTULO VIII – Regime sancionatório

Artigo 40.º – Contraordenações

1 – Constitui contraordenação muito grave a prestação de atividade com base num contrato de trabalho desportivo por parte de menor que não satisfaça as condições referidas no n.º 1 do artigo 5.º, bem como a execução de contrato de formação desportiva por parte de menor sem a idade mínima prevista no n.º 1 do artigo 28.º
2 – Constitui contraordenação grave a violação dos artigos 11.º e 12.º, do n.º 3 do artigo 15.º, do n.º 3 do artigo 16.º, do artigo 17.º, dos n.ºs 2, 3 e 4 do artigo 18.º, da alínea c) do n.º 1 e do n.º 2 do artigo 32.º
3 – Constitui contraordenação leve a violação do n.º 2 do artigo 5.º, dos n.ºs 1, 2 e 3 do artigo 6.º e da parte final do n.º 2 do artigo 29.º

I. Constitui contraordenação *muito grave* a prestação de atividade, com base num contrato de trabalho desportivo, por parte de menor com idade inferior a 16 anos, bem como a prestação de atividade, com base num contrato de formação desportiva, por parte de menor com idade inferior a 14 anos.

II. Constitui contraordenação *grave* a violação dos deveres da entidade empregadora desportiva, previstos no art. 11.º, bem como a violação dos direitos de personalidade do praticante e a prática de assédio no âmbito da relação laboral desportiva, nos termos do art. 12.º. Constitui também contraordenação grave a falta de pagamento pontual da retribuição, nos termos do n.º 3 do art. 15.º, a inobservância das limitações em matéria de frequência e duração dos estágios de concentração, nos termos do n.º 3 do art. 16.º, a violação das regras legais atinentes ao gozo de férias, feriados e descanso semanal, nos termos do art. 17.º, a aplicação de sanções disciplinares excessivas ou com desrespeito do princípio do contraditório, nos termos do art. 18.º, n.º 2, 3 e 4, bem como o desrespeito, por parte da entidade formadora, das condições de higiene, segurança e de ambiente compatíveis com a idade do formando, bem como da realização de exames médicos periódicos ao formando, nos termos do art. 32.º, n.º 1-*c)* e n.º 2.

III. Constitui contraordenação *leve* a falta de assinatura do contrato de trabalho desportivo pelo representante legal do menor, nos termos do n.º 2 do art. 5.º, a falta de respeito pela forma escrita, elaboração em triplicado, assinatura de ambas as partes e conteúdo mínimo do contrato, nos termos do art. 6.º, n.º 1, 2 e 3, bem como a falta de assinatura do contrato de formação desportiva pelo representante legal do menor, nos termos do n.º 2 do art. 29.º

CAPÍTULO IX – Disposições finais

Artigo 41.º – Modalidade contratual intermédia

Por convenção coletiva pode ser criada e regulamentada uma modalidade contratual entre o contrato de formação e o contrato de trabalho, destinada a praticantes desportivos com idade não superior a 21 anos.

I. Reconduzindo-se o contrato de formação desportiva a uma espécie de contrato de aprendizagem, destituído, segundo a definição constante da lei, de qualquer componente remuneratória do formando, em nítido contraste com a noção de contrato de trabalho desportivo, que pressupõe a retribuição como contrapartida da atividade desenvolvida pelo praticante, neste artigo prevê-se a possibilidade de, mediante convenção coletiva de trabalho, ser criada e regulamentada uma modalidade contratual intermédia, destinada a praticantes desportivos com idade não superior a 21 anos.

II. O contrato de formação tem como limite etário máximo os 19 anos do formando, *rectius*, o final da época desportiva em que o formando complete 19 anos de idade, conforme resulta do disposto no art. 30.º. Esta modalidade contratual intermédia poderá ir mais longe e aplicar-se a praticantes com menos de 22 anos de idade. Quanto ao limite etário mínimo para esta modalidade contratual intermédia, caberá à convenção coletiva fixá-lo, sendo que, logicamente, não poderá descer abaixo dos 14 anos, idade mínima para celebrar contrato de formação desportiva. Mas poderá ser superior, nada impedindo a convenção coletiva de estabelecer, por exemplo, que essa modalidade contratual intermédia se poderá aplicar a praticantes com o mínimo de 16 anos de idade (mais do que esta idade não parece fazer sentido, visto que aos 16 anos o praticante já poderá, inclusive, celebrar um contrato de trabalho desportivo), sendo natural supor que esta modalidade contratual intermédia já implicará, necessariamente, o pagamento de uma retribuição ao praticante.

III. Quase tudo, nesta matéria, é devolvido à autonomia coletiva, a esta cabendo, se para aí convergirem as vontades dos signatários da convenção, dar vida e modelar a figura da "modalidade contratual intermédia" aqui prevista. Pela nossa parte, confessamos nutrir algumas dúvidas sobre a necessidade, ou até sobre a conveniência, de criar esta nova modalidade contratual. Mas, repete-se, tudo ou quase tudo está aberto à imaginação dos sujeitos coletivos.

Artigo 42.º – Nulidade
São nulas as cláusulas contratuais que contrariem o disposto nesta lei ou que produzam um efeito prático idêntico ao que a lei quis proibir.

I. Esta norma traduz-se em uma positivação legal da figura da *fraude à lei*, isto é, do velho princípio segundo o qual, nos termos da célebre contraposição de Paulus, «age contra a lei aquele que faz aquilo que a lei proíbe; age em fraude à lei aquele que evita o comando dela respeitando as palavras da lei». Isso mesmo consta do presente artigo: serão nulas, não apenas as cláusulas contratuais que contrariem o disposto nesta lei, mas também aquelas que produzam um efeito prático idêntico ao que a lei quis proibir.

II. O âmbito de incidência desta norma é, naturalmente, muito vasto. Mas um bom exemplo para ilustrar a respetiva aplicação é constituído, a nosso ver, pela figura dos *pactos de opção*, a que nos referimos em anotação ao art. 19.º, n.º 1, do presente diploma. Com efeito, este último preceito legal considera nulas as cláusulas inseridas em contrato de trabalho desportivo visando condicionar ou limitar a liberdade de trabalho do praticante *após o termo do vínculo contratual.* Ora, dir-se-á, esta disposição legal não releva em sede de pacto de opção, visto que, através deste, o que está em jogo é algo que se situa a montante, é a própria *duração* da vinculação contratual do praticante, tratando-se de saber, tão-só, quando termina tal vínculo – recorde-se que, segundo a melhor doutrina, semelhante pacto de opção confere ao seu beneficiário um direito potestativo *modificativo:* o direito de prorrogação unilateral da relação contratual que atinge o seu termo. Deste modo, e retomando um exemplo acima indicado (contrato de trabalho celebrado por duas épocas desportivas, com opção a favor do clube empregador por mais uma), o que acontece é que o exercício do direito de opção por parte do clube fará com que o vínculo contratual apenas se extinga no termo da terceira época desportiva, e não no termo da segunda época, pelo que a liberdade de trabalho tutelada pelo art. 19.º/1 – uma liberdade de trabalho, repete-se, «pós-contratual» – não se verá afetada pelo pacto de opção.

III. Ainda que assim se entenda, porém, tal de modo nenhum significa, por si só, que este pacto de opção se mostre conforme com o nosso ordenamento jurídico. Com efeito, se bem repararmos, em termos substanciais, prático-económicos, aquele exemplo equivale ao de um contrato de trabalho desportivo celebrado pelo prazo de três épocas, no qual se estipule que, no termo da sua segunda época de vigência, este será livremente denunciável pelo clube empregador. Ora, sucede que uma tal cláusula de denúncia patronal *ad nutum* seria manifestamente inválida em sede de contrato de trabalho desportivo. O sistema do despedimento livre, *ad nutum,* foi proscrito pelo art. 53.º da CRP, tendo igualmente (e logicamente) sido rejeitado pela presente lei, no seu art. 23.º: o contrato de trabalho desportivo não pode ser denunciado *ante tempus* pela entidade empregadora, a esta apenas sendo lícito proceder a despedimento no caso de existir justa causa ou tratando-se de despedimento coletivo, sempre com a necessária observância de um conjunto de garantias procedimentais para o trabalhador/praticante desportivo.

IV. Vistas as coisas sob este prisma, o pacto de opção a favor do clube surge, cristalino, como um instrumento tendente a defraudar as normas que regem o contrato de trabalho desportivo. Na verdade, se uma qualquer cláusula contratual que permitisse o despedimento *ad nutum* ofenderia aberta e declaradamente uma proibição legal e constitucional – a proibição de despedimento sem justa causa –, bem pode dizer-se que o pacto de opção ofende a mesma proibição de modo disfarçado e oblíquo. Segundo a conhecida lição de Manuel de Andrade, «são negócios em fraude à lei aqueles que procuram contornar ou circunvir uma proibição legal, tentando chegar ao mesmo resultado por caminhos diversos dos que a lei designadamente previu e proibiu – aqueles que por essa forma pretendem burlar a lei». Ora, é precisamente isto o que aqui sucede: previstos e proibidos que estão os despedimentos sem justa causa, a entidade empregadora desportiva encontra no pacto de opção um outro mecanismo desvinculatório, através do qual fica com as mãos inteiramente livres para extinguir (= não prorrogar) a relação contratual, ao passo que o praticante fica colocado numa situação de autêntica sujeição jurídica. O pacto de opção traduz-se, pois, numa forma oculta de violação da lei, num acordo *in fraudem legis,* que importa para o praticante um regime menos favorável do que o legal em matéria de prorrogação/cessação do contrato de trabalho desportivo.

V. As considerações acima expendidas levam-nos, pois, a concluir pela invalidade do acordo atributivo de um direito de opção à entidade empregadora, em sede de contrato de trabalho desportivo. Aliás, nem outra coisa seria, porventura, de esperar. É que o pacto de opção assenta na autonomia negocial dos sujeitos, pressupondo uma ampla liberdade contratual, quando é sabido que o Direito do Trabalho se caracteriza, em boa medida, por uma acentuada compressão da liberdade contratual das partes, com o assumido objetivo de tutelar uma delas. A nosso ver, o pacto de opção mostra-se, portanto, inválido. Um contrato de trabalho desportivo poderá ser celebrado por 2 épocas; ou por 3 épocas; mas nunca por 2+1, sendo que o +1, enquanto período optativo, ficaria inteira e exclusivamente dependente dos juízos de conveniência do clube. A entidade empregadora não pode vincular o praticante sem ela própria se vincular, o praticante não pode obrigar-se sem que o seu empregador também o faça. Um acordo vinculativo de sentido único é inadmissível, ao menos quando a parte vinculada seja o trabalhador do desporto.

VI. Entretanto, sendo líquida, na nossa opinião, a invalidade de um pacto de opção que atribua à entidade empregadora desportiva o correspondente direito potestativo, idêntica liquidez já não existe na hipótese inversa, isto é, caso o pacto de opção confira ao praticante o direito de prorrogar o vínculo contratual (hipótese, decerto, de verificação bem mais rara, mas não inédita no meio desportivo nacional) – isto atendendo à referida função tuitiva desempenhada pelo Direito do Trabalho. Foi justamente esta a questão suscitada no chamado «caso Marcelo», no litígio que opôs este futebolista profissional à sua entidade empregadora desportiva, a Associação Académica de Coimbra (AAC), sobre o qual se pronunciou o Tribunal do Trabalho de Coimbra, por sentença lavrada em 26 de Agosto de 2005 (cujo texto foi publicado no n.º 8 de *Desporto & Direito – Revista Jurídica do Desporto,* 2006, pp. 290-295). Com efeito, conquanto a referida sentença não tenha procedido à qualificação jurídica da cláusula contratual em apreço – a cláusula 4.ª, nos termos da qual «o contrato será igualmente válido para a época de 2004/2005, se o atleta entender estar de posse de todas as suas faculdades e o desejar» –, não parece haver espaço para quaisquer dúvidas quanto à circunstância de se tratar, *in casu,* de uma típica cláusula de opção, através da qual uma das partes (a AAC) ficava vinculada à sua declaração negocial, ao passo que a outra (o futebolista Marcelo) ficava com a faculdade de aceitar ou não a aludida declaração negocial, assim prorrogando ou não o seu contrato de trabalho por mais uma época desportiva. Ou seja, a Académica de Coimbra contratara Marcelo por duas épocas desportivas (2002/2003 e 2003/2004), mas as partes atribuíram a este último um direito potestativo de opção para uma época suplementar (2004/2005). Nos termos da supracitada estipulação contratual, tudo ficava, pois, nas mãos do praticante/trabalhador, quanto àquela terceira época desportiva: caso ele assim o desejasse, poderia exercer o constituído direito de opção, assegurando a sua ligação contratual ao clube até ao termo da época desportiva de 2004/2005; caso a vontade do futebolista fosse outra, então bastar-lhe-ia não exercer a opção, hipótese em que o seu contrato de trabalho caducaria no termo da época de 2003/2004. Vale isto por dizer que, em rigor, o contrato de trabalho des-

CONTRATO DE TRABALHO DESPORTIVO

portivo em apreço nem foi celebrado por duas épocas desportivas, nem foi celebrado por três épocas desportivas. Em vez de 2 ou de 3, as partes escolheram a fórmula 2+1, munindo Marcelo do direito potestativo de renovar o contrato por mais uma época, ao passo que, simetricamente, a AAC se colocava numa situação de sujeição jurídica quanto àquele período optativo. Ora aqui temos, sem dúvida, uma cabal demonstração daquilo que é um excelente negócio para o futebolista profissional. Com efeito, a inserção desta cláusula no contrato de trabalho permite ao jogador conseguir o melhor de dois mundos: estabilidade por um período de 3 anos, mas liberdade no termo do 2.º ano. A AAC, pelo contrário, nem lograva vincular o atleta por um período de três anos, nem ficava livre para se desvincular ao cabo do 2.º ano de vigência contratual.

VII. Aqui chegados, importa recordar o que estabelece a presente lei sobre a duração do contrato de trabalho desportivo e sobre as faculdades de renovação e/ou desvinculação conferidas aos sujeitos deste particular contrato de trabalho. Ora, a este propósito, já vimos que o contrato de trabalho desportivo se encontra necessariamente sujeito a um termo resolutivo, cuja duração poderá oscilar entre o mínimo de uma e o máximo de cinco épocas desportivas. E vimos ainda que o termo resolutivo aposto a este contrato de trabalho assume um caráter estabilizador da relação entre ambos os sujeitos, dado que, segundo a lei, nem a entidade empregadora pode despedir o praticante *medio tempore,* sem justa causa, nem para este último vigora o princípio da livre demissão – nesta sede, a rutura contratual prematura só será lícita, em princípio, caso exista justa causa para o efeito.

VIII. O desiderato legislativo é compreensível: trata-se de tentar estabelecer um justo equilíbrio, isto é, um compromisso aceitável, entre os dois valores matriciais que aqui estão em jogo e que aqui se confrontam: os valores da *estabilidade* e da *liberdade.* Como é óbvio, e tendo em conta o referido enquadramento legal, um contrato de larga duração acentuará o vetor estabilidade – o clube vincula o atleta por cinco épocas, por exemplo, procurando reservar os respetivos serviços por todo esse tempo, e o atleta consegue obter a correspondente segurança profissional pelo mesmo período temporal. Já um contrato de curta duração preservará em maior medida a liberdade das partes: clube e atleta só se vinculam por uma época, por exemplo, o que significa que ambos os contraentes serão livres no termo dessa época desportiva. Bem vistas as coisas, a lei estabelece aqui uma espécie de *sistema de vasos comunicantes,* cabendo às partes modular a duração do contrato dentro dos limites traçados (uma a cinco épocas desportivas): o trabalhador sabe que um contrato de larga duração lhe garante uma certa estabilidade profissional, mas tem o sério inconveniente de hipotecar a sua liberdade; um contrato de curta duração, pelo contrário, aumenta exponencialmente a sua margem de liberdade, mas a troco do sacrifício da estabilidade profissional. Assim sendo, *quanto mais o vetor liberdade é acentuado, mais o vetor estabilidade é sacrificado; quanto mais este é assegurado, menos aquele é salvaguardado.* E, repete-se, neste contexto caberá às partes dosear a medida em que pretendem dar satisfação a estes dois valores conflituantes, ao fixarem a duração do contrato de trabalho desportivo.

IX. Ora, é este mesmo sistema de vasos comunicantes que vem a ser afetado (*rectius,* aniquilado) mediante a inserção de uma cláusula de opção no contrato de trabalho desportivo. Através desta cláusula, o beneficiário da opção logra obter estabilidade *e* liberdade, ao passo que a contraparte sacrifica, de um golpe e simultaneamente, a liberdade *e* a estabilidade. Foi precisamente isto o que sucedeu no mencionado «caso Marcelo», pois o futebolista conseguiu obter estabilidade contratual por três épocas, mas comprometeu a sua liberdade por apenas duas épocas: a AAC vinculou-se perante o atleta por três épocas desportivas, mas Marcelo vinculou-se perante aquela só por duas épocas, no termo das quais ele e apenas ele decidiria se o contrato iria caducar ou, pelo contrário, renovar-se.

X. É certo que a sentença do Tribunal do Trabalho de Coimbra não colocou a questão da eventual invalidade desta cláusula, quiçá por considerar que ela se analisava numa estipulação que vinha beneficiar o trabalhador face ao quadro legal aplicável, pelo que, à luz do *favor laboratoris,* nada haveria a objetar relativamente a semelhante cláusula, a qual se traduziria num exercício de liberdade contratual permitido pelo nosso ordenamento jurídico-laboral. Talvez assim seja. Todavia, caso o pacto de opção conferisse o direito potestativo de renovar o contrato à entidade empregadora, aí já nada poderia coonestar uma tal cláusula contratual.

CONTRATO DE TRABALHO DESPORTIVO

Com efeito, *extrai-se com meridiana clareza da lei que a mesma* não tolera o sacrifício simultâneo, *por banda do trabalhador, dos dois eminentes valores de que vimos tratando: a liberdade e a estabilidade.* A lei aceita que se desguarneça e até promove a compressão de um destes valores, mas sempre com a correlativa preservação e a concomitante salvaguarda do outro (mais estabilidade menos liberdade, mais liberdade menos estabilidade, *quid pro quo...*). Deste modo, um pacto de opção que colocasse o praticante desportivo em uma situação de sujeição jurídica perante a entidade empregadora, criando um período optativo na dependência dos meros juízos de conveniência do clube, redundaria inapelavelmente naquilo que a lei não permite: *o sacrifício simultâneo, pelo trabalhador do desporto, dos vetores da liberdade profissional e da estabilidade contratual.*

XI. Dir-se-ia, pois, em jeito de conclusão, que a validade da cláusula de opção incluída no contrato de Marcelo poderá encontrar apoio no princípio do *favor laboratoris.* Mas já não se descortinam princípios jus-laborais e/ou jusdesportivos que legitimem uma qualquer cláusula que atribua à entidade empregadora desportiva uma faculdade unilateral de decidir livremente sobre o destino a dar ao contrato de trabalho, permitindo-lhe, portanto, governar a seu bel-prazer a duração desse contrato. Semelhante pacto de opção traduzir-se-á, a nosso ver, num instrumento tendente a defraudar as normas legais que disciplinam o contrato de trabalho desportivo, devendo, por conseguinte, ser considerado inválido e expurgado do contrato.

XII. Registe-se, por último, que é também possível que o contrato de trabalho desportivo confira às partes uma *opção bilateral ou recíproca,* segundo cujos termos qualquer delas, praticante ou entidade empregadora, poderá renovar o vínculo contratual (será o caso, por exemplo, de o contrato ser celebrado pelo prazo de duas épocas desportivas, com opção de qualquer dos sujeitos por mais uma época). Não descortinamos obstáculos insuperáveis à licitude de semelhante opção recíproca, na justa medida em que, nesta hipótese, não se verifica o supramencionado sacrifício simultâneo dos valores da liberdade e da estabilidade. Com efeito, em caso de opção recíproca o praticante desportivo compromete, sem dúvida, a sua liberdade (no exemplo figurado, pelo período de três anos), mas, do mesmo passo, ele salvaguarda o vetor da estabilidade, visto que a sua simples declaração de vontade bastará para que o contrato se prolongue pelo período de três anos. Ou, dizendo de outro modo, nesta hipótese o contrato de trabalho só caducará no termo da segunda época se ambas as partes assim o desejarem. A *Vertragsparität* encontra-se, pois, garantida, pelo que estas cláusulas de opção recíproca não suscitam objeções de maior, vale dizer, não se analisam em estipulações contratuais *in fraudem legis*, ao contrário do que sucede com a cláusula de opção unilateral em benefício do empregador, a qual importa para o desportista um regime menos favorável do que o legal em matéria de renovação/cessação do contrato de trabalho desportivo.

Artigo 43.º – Norma revogatória
É revogada a Lei n.º 28/98, de 26 de junho, alterada pela Lei n.º 114/99, de 3 de agosto.

I. A presente lei revoga a Lei n.º 28/98, de 26 de junho, alterada pela Lei n.º 114/99, de 3 de agosto, sucedendo-lhe no tempo. A nova lei não contém quaisquer disposições de direito transitório, pelo que, nesta matéria, se aplicarão as disposições gerais em matéria de aplicação das leis no tempo, máxime o disposto no art. 12.º do CCivil, segundo o qual, «quando a lei dispõe sobre as condições de validade substancial ou formal de quaisquer factos ou sobre os seus efeitos, entende-se, em caso de dúvida, que só visa os factos novos; mas, quando dispuser diretamente sobre o conteúdo de certas relações jurídicas, abstraindo dos factos que lhes deram origem, entender-se-á que a lei abrange as próprias relações já constituídas, que subsistam à data da sua entrada em vigor» (n.º 2).

II. Em sede de aplicação no tempo, é sabido que, em regra, as leis do trabalho, não sendo *retroativas* (isto é, não pretendendo ter efeitos *ex tunc*, sobre o passado), são *retrospetivas* (ou seja, aplicam-se ao conteúdo e efeitos futuros de relações jurídicas criadas no passado, mas ainda existentes). Casos haverá, portanto, em que a lei nova se aplica imediatamente, porque esta lei visa, acima de tudo, regular um certo *status* profissional ou laboral, desinteressando-se do facto que lhe deu origem, isto é, do respetivo título constitutivo (regras sobre férias, sobre o poder disciplinar ou sobre o despedimento, por exemplo); mas outros casos existem que deverão ser regulados pela lei vigente ao tempo da celebração do contrato, porque, quanto a eles, a lei não abstrai do concreto facto jurídico que deu origem àquela relação (regras que sujeitam o contrato a certas formalidades, por exemplo).

III. A questão da aplicação das leis do tempo é, quase sempre, bastante complexa e melindrosa (haja ou não disposições de direito transitório), nada fazendo prever que isso seja diferente no tocante à sucessão entre a Lei 28/98 e a Lei 54/2017 – sobretudo, claro, quando a nova lei contém soluções que diferem substancialmente da anterior. Pode perguntar-se, por exemplo, se as novas regras em matéria de duração máxima do contrato de trabalho desportivo (cinco épocas para a generalidade dos contratos, três épocas no caso de contratos celebrados por menores), as quais diferem bastante do anterior regime (no qual o limite era de oito épocas, sem regra especial para o caso dos menores), se aplicarão apenas aos contratos celebrados já na vigência da nova lei ou se também se aplicarão aos contratos de trabalho ainda em vigor, mas celebrados ao abrigo da lei revogada. O mesmo, *mutatis mutandis*, para o contrato-promessa unilateral celebrado à sombra da lei velha mas ainda não cumprido, sabendo-se que a lei nova apenas admite a promessa bilateral. Por aplicação das regras gerais, entende-se que, nestas matérias, a presente lei só se aplica aos contratos novos, celebrados à sombra da sua vigência. Mas, repete-se, as questões relativas à aplicação da lei no tempo irão, decerto, surgir e multiplicar-se. Em qualquer caso, a linha orientadora do intérprete, na busca de adequada resposta a tais questões, será a fornecida pelo art. 12.º do CCivil.

Aprovada em 24 de maio de 2017.
O Presidente da Assembleia da República, *Eduardo Ferro Rodrigues.*
Promulgada em 12 de junho de 2017.
Publique-se.
O Presidente da República, Marcelo Rebelo de Sousa.
Referendada em 28 de junho de 2017.
O Primeiro-Ministro, *António Luís Santos da Costa.*

ÍNDICE

LEI N.º 54/2017, DE 14 DE JULHO	9

CAPÍTULO I – DISPOSIÇÕES GERAIS — 9

ARTIGO 1.º – Objeto — 9
ARTIGO 2.º – Definições — 15
ARTIGO 3.º – Direito subsidiário e relação entre fontes — 25
ARTIGO 4.º – Arbitragem voluntária — 37

CAPÍTULO II – FORMAÇÃO DO CONTRATO DE TRABALHO DESPORTIVO — 42

ARTIGO 5.º – Capacidade — 42
ARTIGO 6.º – Forma e conteúdo — 45
ARTIGO 7.º – Registo — 48
ARTIGO 8.º – Promessa de contrato de trabalho desportivo — 50
ARTIGO 9.º – Duração do contrato — 55
ARTIGO 10.º – Período experimental — 65

CAPÍTULO III – DIREITOS, DEVERES E GARANTIAS DAS PARTES — 70

ARTIGO 11.º – Deveres da entidade empregadora desportiva — 70
ARTIGO 12.º – Direitos de personalidade e assédio — 78
ARTIGO 13.º – Deveres do praticante desportivo — 83
ARTIGO 14.º – Direito de imagem — 90
ARTIGO 15.º – Retribuição — 94
ARTIGO 16.º – Período normal de trabalho — 97
ARTIGO 17.º – Férias, feriados e descanso semanal — 99
ARTIGO 18.º – Poder disciplinar — 102

CONTRATO DE TRABALHO DESPORTIVO

CAPÍTULO IV – CEDÊNCIA E TRANSFERÊNCIA DE PRATICANTES DESPORTIVOS — 105

Artigo 19.º – Liberdade de trabalho — 105
Artigo 20.º – Cedência do praticante desportivo — 116
Artigo 21.º – Contrato de cedência — 120
Artigo 22.º – Transferência de praticantes desportivos — 125

CAPÍTULO V – CESSAÇÃO DO CONTRATO DE TRABALHO DESPORTIVO — 127

Artigo 23.º – Formas de cessação — 127
Artigo 24.º – Responsabilidade das partes pela cessação do contrato — 149
Artigo 25.º – Denúncia por iniciativa do praticante — 153
Artigo 26.º – Responsabilidade solidária — 160
Artigo 27.º – Comunicação da cessação do contrato — 165

CAPÍTULO VI – CONTRATO DE FORMAÇÃO DESPORTIVA — 172

Artigo 28.º – Capacidade — 172
Artigo 29.º – Forma — 174
Artigo 30.º – Duração — 175
Artigo 31.º – Tempo de formação — 175
Artigo 32.º – Deveres da entidade formadora — 176
Artigo 33.º – Deveres do formando desportivo — 177
Artigo 34.º – Compensação por formação — 177
Artigo 35.º – Cessação do contrato — 180

CAPÍTULO VII – DOS EMPRESÁRIOS DESPORTIVOS — 182

Artigo 36.º – Exercício da atividade de empresário desportivo — 182
Artigo 37.º – Registo dos empresários desportivos — 187
Artigo 38.º – Contrato de representação ou intermediação — 187
Artigo 39.º – Limitações ao exercício da atividade de empresário — 191

CAPÍTULO VIII – REGIME SANCIONATÓRIO — 192

Artigo 40.º – Contraordenações — 192

CAPÍTULO IX – DISPOSIÇÕES FINAIS — 193

Artigo 41.º – Modalidade contratual intermédia — 193
Artigo 42.º – Nulidade — 194
Artigo 43.º – Norma revogatória — 201